맛있는스쿨  단과 강좌 할인 쿠폰

할인 코드 **hcjpn_lv2**

단과 강좌 할인 쿠폰

20% 할인

할인 쿠폰 사용 안내

1. 맛있는스쿨(cyberjrc.com)에 접속하여 [회원가입] 후 로그인을 합니다.
2. 메뉴中[쿠폰] → 하단[쿠폰 등록하기]에 쿠폰번호 입력 →[등록]을 클릭하면 쿠폰이 등록됩니다.
3. [단과] 수강 신청 후, [온라인 쿠폰 적용하기]를 클릭하여 등록된 쿠폰을 사용하세요.
4. 결제 후, [나의 강의실]에서 수강합니다.

쿠폰 사용 시 유의 사항

1. 본 쿠폰은 맛있는스쿨 단과 강좌 결제 시에만 사용이 가능합니다.
2. 본 쿠폰은 타 쿠폰과 중복 할인이 되지 않습니다.
3. 교재 환불 시 쿠폰 사용이 불가합니다.
4. 쿠폰 발급 후 60일 내로 사용이 가능합니다.
5. 본 쿠폰의 할인 코드는 1회만 사용이 가능합니다.

*쿠폰 사용 문의 : 카카오톡 채널 @맛있는스쿨

맛있는톡 할인 쿠폰

할인 코드 **jrcphone2qsj**

전화&화상 외국어 할인 쿠폰

10,000원

할인 쿠폰 사용 안내

1. 맛있는톡 전화&화상 중국어(phonejrc.com), 영어(eng.phonejrc.com)에 접속하여 [회원가입] 후 로그인을 합니다.
2. 메뉴中[쿠폰] → 하단[쿠폰 등록하기]에 쿠폰번호 입력 →[등록]을 클릭하면 쿠폰이 등록됩니다.
3. 전화&화상 외국어 수강 신청 시 [온라인 쿠폰 적용하기]를 클릭하여 등록된 쿠폰을 사용하세요.

쿠폰 사용 시 유의 사항

1. 본 쿠폰은 전화&화상 외국어 결제 시에만 사용이 가능합니다.
2. 본 쿠폰은 타 쿠폰과 중복 할인이 되지 않습니다.
3. 교재 환불 시 쿠폰 사용이 불가합니다.
4. 쿠폰 발급 후 60일 내로 사용이 가능합니다.
5. 본 쿠폰의 할인 코드는 1회만 사용이 가능합니다.

*쿠폰 사용 문의 : 카카오톡 채널 @맛있는스쿨

일본 여행 × 문화와 함께 배우는

NEW **맛있는**
일본어

Level **2**

문선희 저

맛있는 books

NEW 맛있는 일본어 Level ❷

제1판 1쇄 발행	2019년 5월 28일
제2판 1쇄 발행	2024년 4월 10일
제2판 2쇄 발행	2025년 1월 20일

기획	JRC 일본어연구소
저자	문선희
발행인	김효정
발행처	맛있는books
등록번호	제2006-000273호

주소	서울시 서초구 명달로 54 JRC빌딩 7층
전화	구입문의 02·567·3861
	내용문의 02·567·3860
팩스	02·567·2471
홈페이지	www.booksJRC.com

ISBN	979-11-6148-080-0 14730
	979-11-6148-078-7 (세트)
정가	16,500원

머리말

그동안 여러 학생에게 일본어를 가르치면서 일본어 입문 교재 시리즈와 현장에서 바로 쓸 수 있는 서비스 일본어 교재들을 만들어 왔습니다. 이번에는 기존 교재와 달리 새로운 콘셉트로 일본어 입문자가 더 쉽게 접할 수 있는 테마가 무엇인지 생각해 보았습니다. 고민 끝에 체계적인 문법 학습과 반복 말하기 연습으로 익히는 핵심 문장, 그리고 일본 여행과 일본 문화를 가미해서 재미있게 학습할 수 있도록 구성해 보았습니다.

『NEW맛있는 일본어』 회화 시리즈는 한 권 속에 일본어(학습), 여행(체험), 문화(흥미)를 결합한 신개념 일본어 교재입니다. 이 세 가지 요소가 가져오는 상호 작용으로 초급 단계도 효과적인 일본어 학습을 기대할 수 있습니다. 또 여행에 관련해서는 일본 지리에 대한 감각도 키울 수 있고, 일본 문화에 관련해서는 실제 일본에 가서 접할 수 있는 내용 중심으로 다루었기 때문에 일본어 학습은 물론 일본 여행, 문화에 관심이 있는 학습자들의 호기심을 계속해서 충족시킬 수 있습니다.

교재의 특징을 간단히 설명하자면, 워밍업에서는 과의 테마 여행지에 관련된 소개를 지리 정보와 함께 제시하고, 「맛있는 회화」에서는 테마 여행지에 관련된 상황 설정으로 회화문을 준비했습니다. 회화는 학습자가 쉽게 반복 말하기 연습을 할 수 있도록 대화문을 두 개씩 제시하였습니다.

「맛있는 문법」에서 기초를 다진 다음, 「맛있는 문장 연습」에서 핵심 문장을 따라 말하면서 연습합니다. 표현에 익숙해지면 「맛있는 응용 연습」에서는 배운 내용을 새로운 단어와 함께 교체 연습하고, 「맛있는 회화 연습」에서는 안내, 이벤트, 전단지 등을 소재로 연습할 수 있습니다. 「맛있는 독해 연습」에서도 역시 실물을 바탕으로 한 내용으로 일본어능력시험(JLPT) 독해의 정보 검색 문제를 준비할 수 있습니다. 마지막으로 「여행 칼럼」을 통해 일본 여행과 문화에 대한 정보를 생생한 사진 자료와 함께 접할 수 있도록 구성하였습니다.

끝으로 좋은 교재를 만들어 내기 위해 수고해 주신 맛있는북스 김효정 대표님과 출판 관계자 분들, 그리고 항상 제 강의의 원동력이 되어 주고 있는 사랑하는 가족과 학생들에게 진심으로 감사의 마음을 전하고 싶습니다.

저자 윤선희

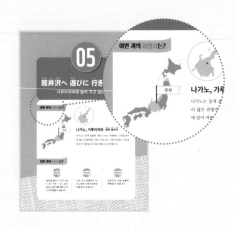

QR코드를 스캔하여
직접 음성 녹음을 들어 보세요.

워밍업

과의 여행지를 일본 지도로 파악하고, 학습
내용과 여행, 문화 내용을 미리 확인할 수 있습
니다.

맛있는 회화

테마 여행지에 관련된 짤막한 회화 두 개를
여행, 문화 팁과 함께 준비하였습니다. 회화에
는 학습 내용뿐만 아니라 여행 단어도 자연스
럽게 녹아 있습니다.

맛있는 문법

맛있는 회화에 등장한 문장을 비롯한 다양한
예문을 통해 문법과 표현을 쉽게 익힐 수 있습
니다.

맛있는 문장 연습

과에서 배운 내용으로 만들어진 핵심 문장을
음성을 들으면서 따라 말하기 연습을 할 수
있습니다.

맛있는 응용 연습

학습 내용을 활용한 교체 연습입니다. 이해를
돕기 위한 일러스트와 함께 쉽게 연습할 수
있습니다.

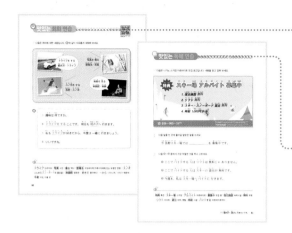

맛있는 회화 연습

실제 상황에서도 일본어를 쓸 수 있도록 실물에 가까운 내용을 보면서 자유 회화를 연습할 수 있습니다.

맛있는 독해 연습

일본어능력시험(JLPT) 독해의 정보 검색 문제를 염두에 둔 내용을 읽고 답하는 독해 연습입니다.

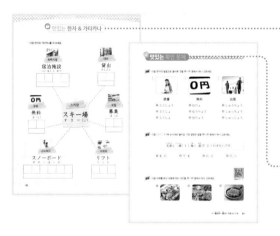

맛있는 한자 & 가타카나

과마다 테마에 연관되는 한자, 가타카나 어휘가 마인드맵처럼 모여 있어 효과적으로 어휘를 배울 수 있습니다.

맛있는 확인 문제

배운 내용을 어휘(한자 읽기), 문법, 청취로 나눠서 점검하는 문제입니다.

눈으로 맘껏 즐기는 일본 여행 & 문화

테마 여행지의 소개와 일본 문화를 풍부한 사진과 함께 눈으로 즐기면서 배울 수 있습니다.

권말 부록

맛있는 회화 해석 외 맛있는 독해 연습 정답, 맛있는 확인 문제 정답과 청취 스크립트, 그리고 별책 워크북의 작문 연습 정답을 실었습니다.

QR코드를 스캔하여
직접 음성 녹음을 들어 보세요.

|워크북|

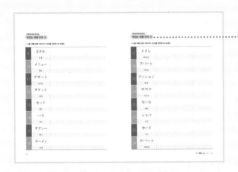

1과 / 가타카나 쓰기 연습

『NEW맛있는 일본어 Level 1』에서 학습한 가타카나 단어의 쓰기 연습을 할 수 있습니다.

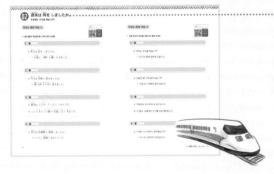

2~12과 / 맛있는 문장 연습

본책에서 연습한 문장을 반복 연습하여 마무리하는 페이지입니다. 음성에 따라 계속 말하기 연습을 하면, 어느새 말이 트이고 표현 암기가 됩니다.

맛있는 작문 연습

과에서 배운 핵심 문장을 활용한 작문 연습입니다. 사전처럼 쓸 수 있는 Hint가 있어서 부담 없이 작문 연습을 할 수 있고, 배운 내용을 다시 점검할 수 있습니다.

|무료 MP3|

일본어 원어민 녹음으로 자연스러운 일본어 발음과 함께 핵심 문장, 회화 등을 따라 말하면서 연습할 수 있습니다.

맛있는북스 홈페이지에서
MP3 파일을 다운로드할
수 있어요.

일러두기

① 본책 1과에서는 『NEW맛있는 일본어 Level 1』에서 학습한 필수 문법 사항을 정리하고 복습할 수 있도록 구성하여 『NEW맛있는 일본어 Level 2』의 학습에 도움이 되도록 하였습니다.

② 『NEW맛있는 일본어 Level 1』에서 학습한 가타카나 단어를 별책 워크북에서 쓰기 연습을 충분히 할 수 있도록 구성하였습니다.

③ 일본 여행에 도움이 되도록 지명은 처음부터 한자로 표기하되 도(都), 후(府), 겐(県), 시(市) 표기는 생략하였습니다.

④ 일본어를 한글로 표기할 경우에는 외래어표기법에 따라 표기를 하였으나 「つ」는 예외적으로 '츠'로 표기하였습니다.

⑤ 초급 단계부터 효과적으로 일본어를 학습할 수 있도록 학습 한자의 개수를 제한하였습니다.

⑥ 초급 단계부터 효과적으로 일본어를 학습할 수 있도록 일본어 표기에는 띄어쓰기를 하였습니다.

⑦ 초급 단계부터 효과적으로 일본어를 학습할 수 있도록 어휘, 표현과 학습 내용을 반복해서 연습할 수 있게끔 구성하였습니다.

⑧ 초급 단계부터 일본인과 회화를 할 수 있도록 단어는 정중한 표현을 선택하였습니다.

⑨ 일본 여행 때 일본인과 회화를 즐길 수 있도록 여행에서 자주 쓰이는 표현은 초급 단계부터 제시하였습니다.

⑩ 「맛있는 회화」에는 그 과의 학습 문법과 표현에 색을 넣어 표시하였습니다.

⑪ 음원은 초급 학습자가 자율적으로 말하기 연습을 할 수 있도록 보통 속도보다 약간 느린 속도로 녹음되어 있습니다.

차례

권말 부록

학습 구성표

沖縄へ 行った ことが ありますよ。　오키나와에 간 적이 있어요.

학습 목표　동사의 た형에 대해 배우고 「～た ことが あります / ～た 方が いいです / ～た 時」를 활용하여 자신 있게 말할 수 있다.

10
141쪽

학습 내용

1 동사 た형의 활용
2 ～た ことが 있습니다 / 없습니다
 ~한 적이 있습니다 / 없습니다
3 ～た 方が いいです　~하는 편(쪽)이 좋습니다
4 ～た 時　~했을 때
5 ～に ついて　~에 대하여
★ 会社員の 一日　회사원의 하루

여행, 문화

1 오키나와, 추라우미 수족관
2 일본의 지역 특산물(베니이모 타르트, 닌교야키, 야츠하시)

海で スノーケリングを したり しました。　바다에서 스노클링을 하기도 했습니다.

학습 목표　동사의 たり형에 대해 배우고 「～たり ～たり する / ～てから / ～も ～し」를 활용하여 자신 있게 말할 수 있다.

11
155쪽

학습 내용

1 동사 たり형의 활용
2 ～たり ～たり する　~하기도 하고(하거나) ~하기도(하거나) 하다
3 ～てから　~하고 나서
4 ～も 형용사 · 동사 기본형 ～し　~도 ~하고
5 ～泊　~박(숙박 일수를 세는 말)
★ 暇な 時は 何を しますか。 한가할 때는 무엇을 합니까?

여행, 문화

1 오키나와, 슈리성
2 일본의 전통 연중 행사(쇼가츠, 세츠분, 히나마츠리와 고도모노히)

一枚で 5回分 使えますよ。　한 장으로 5회분 사용할 수 있어요.

학습 목표　동사의 가능형에 대해 배우고 「～と 思います」를 활용하여 자신 있게 말할 수 있다.

12
169쪽

학습 내용

1 동사의 가능형
2 동사의 기본형 + ことが できる　~할 수 있다
3 ～と 思います　~라고 생각합니다
★ 가능형의 긍정 표현과 부정 표현

여행, 문화

1 시코쿠, 마츠야마, 도고온천
2 일본의 기차 여행(청춘18티켓, 신칸센, 에키벤)

등장인물 소개

김세영
기무 세욘
キム・セヨン

한국인, 대학생, 20세

원래는 한국대학교 심리학과 학생인데, 일본 문화와 여행에 관심이 많아서 현재 일본 도쿄에 있는 K대학에 유학하고 있다. 대학의 여행 동아리에서 사토시와 함께 활동 중이다.

다나카 사토시
타나카
田中さとし

일본인, 대학생, 21세

일본 K대학 재학생이다. 유학생과 교류하는 프로그램을 통해 세영이를 알게 된다. 후쿠오카 출신이고 대학의 여행 동아리 회원이다.

이승준
이 승준
イ・スンジュン

한국인, 직장인, 26세

도쿄에 있는 회사에 취업한 직장인이다. 요리와 커피에 관심이 많고, 리나와 같은 직장인 여행 동아리에서 일본 여행을 즐기고 있다.

아오야마 리나
아오야마
青山りな

일본인, 직장인, 27세

승준이와 같은 회사의 부서 직원이다. 도쿄 출신으로 여행과 사진이 취미이다. 승준이와 같은 직장인 여행 동아리에서 활동하면서 폴을 알게 된다.

그레이스 켈리
구레 스 케리
グレース・ケリー

프랑스인, 의사, 47세

도쿄에서 일본어를 배우는 프랑스인 의사이다. 주변 사람 추천으로 직장인 여행 동아리에 가입하게 되는데, 거기서 승준이를 만나게 된다.

폴 뉴먼
포 루 뉴 만
ポール・ニューマン

영국인, 직장인, 33세

도쿄에 있는 회사에 취업한 직장인이다. 휴일에 일본 국내 여행을 즐기는 와중에 직장인 여행 동아리를 알게 돼서 가입하게 된다. 같은 동아리에서 리나와 친구가 된다.

01

ふくしゅう
復習しましょう。
복습해 봅시다.

『Level 1』의 여행지는?

간토

간사이

규슈

간토, 간사이, 규슈 かんとう かんさい きゅうしゅう 関東, 関西, 九州

『NEW맛있는 일본어 Level 1』에서는 일본의 수도 도쿄가 있는 간토, 제2의 도시 오사카가 있는 간사이, 한국에서 가장 가까운 후쿠오카가 있는 규슈에 대해 살펴보았습니다.

이번 과의 포인트는?

Study

Travel

Plus

『NEW맛있는 일본어 Level 1』에서 배운 내용을 정리하고 복습해 볼 수 있습니다.

『NEW맛있는 일본어 Level 1』에서 배운 내용을 바탕으로 온천, 가게, 식당에서 사용하는 표현들을 익힐 수 있습니다.

『NEW맛있는 일본어 Level 1』에 나온 문법 요소들을 바탕으로 한 일본어 스피치 내용을 읽고 말할 수 있습니다.

1 명사의 활용

『NEW맛있는 일본어 Level 1』 46~47쪽 참조

- がくせい
学生です。　학생입니다. [긍정형]

- がくせい
学生じゃ ありません。　학생이 아닙니다. [부정형]

- がくせい
学生ですか。　학생입니까? [의문형]

- がくせい
学生で、　학생이고, [연결형]

2 지시대명사

『NEW맛있는 일본어 Level 1』 58쪽, 82쪽 참조

이것	그것	저것	어느 것
これ	それ	あれ	どれ

이	그	저	어느
この	その	あの	どの

여기	거기	저기	어디
ここ	そこ	あそこ	どこ

3 조수사(개수)

『NEW맛있는 일본어 Level 1』 70쪽 참조

한 개	두 개	세 개	네 개	다섯 개
ひとつ	ふたつ	みっつ	よっつ	いつつ

여섯 개	일곱 개	여덟 개	아홉 개	열 개
むっつ	ななつ	やっつ	ここのつ	とお

4 위치 명사

『NEW맛있는 일본어 Level 1』 83~84쪽 참조

위	안	아래, 밑	오른쪽	왼쪽
うえ 上	なか 中	した 下	みぎ 右	ひだり 左

앞	뒤	옆	이웃, 옆	근처
まえ 前	うし 後ろ	よこ	となり	そば

5 층

『NEW맛있는 일본어 Level 1』 85쪽 참조

1층	2층	3층	4층	5층	6층
いっかい	にかい	さんがい	よんかい	ごかい	ろっかい

7층	8층	9층	10층	몇 층
ななかい	はっかい	きゅうかい	じゅっかい	なんがい 何階

잠깐! TIP

위치 표현

★ 어디에 있습니까?

　どこに ありますか。 [사물, 식물, 장소]

　　　　 いますか。 [사람, 생물]

★ ~의 ~에 있습니다.

　〜の 〜に あります。 [사물, 식물, 장소]

　　　　　 います。 [사람, 생물]

『NEW맛있는 일본어 Level 1』 96~97쪽 참조

6 시 / 분

1시	2시	3시	4시	5시	6시
いちじ	にじ	さんじ	よじ	ごじ	ろくじ
7시	8시	9시	10시	11시	12시
しちじ	はちじ	くじ	じゅうじ	じゅういちじ	じゅうにじ

5분	10분	15분	20분	25분	30분
ごふん	じゅっぷん	じゅうごふん	にじゅっぷん	にじゅうごふん	さんじゅっぷん
35분	40분	45분	50분	55분	몇 분
さんじゅうごふん	よんじゅっぷん	よんじゅうごふん	ごじゅっぷん	ごじゅうごふん	何分 なんぷん

← ──────────────── 12시 ──────────────── →

午前
ごぜん
오전

午後
ごご
오후

朝
あさ
아침

昼
ひる
점심

夜
よる
저녁, 밤

• 何時から 何時まで ですか。 몇 시부터 몇 시까지입니까?

7 숫자 표현

『NEW맛있는 일본어 Level 1』 108쪽 참조

1	2	3	4	5
いち	に	さん	し, よん	ご
6	**7**	**8**	**9**	**10**
ろく	しち, なな	はち	きゅう, く	じゅう

10	20	30	40	50
じゅう	にじゅう	さんじゅう	よんじゅう	ごじゅう
60	**70**	**80**	**90**	**100**
ろくじゅう	ななじゅう	はちじゅう	きゅうじゅう	ひゃく

100	200	300	400	500
ひゃく	にひゃく	さんびゃく	よんひゃく	ごひゃく
600	**700**	**800**	**900**	**1,000**
ろっぴゃく	ななひゃく	はっぴゃく	きゅうひゃく	せん

1,000	2,000	3,000	4,000	5,000
せん	にせん	さんぜん	よんせん	ごせん
6,000	**7,000**	**8,000**	**9,000**	**10,000**
ろくせん	ななせん	はっせん	きゅうせん	いちまん

10,000	20,000	30,000	40,000	50,000
いちまん	にまん	さんまん	よんまん	ごまん
60,000	**70,000**	**80,000**	**90,000**	**100,000**
ろくまん	ななまん	はちまん	きゅうまん	じゅうまん

8 형용사의 활용

『NEW맛있는 일본어 Level 1』 120쪽, 134쪽, 150쪽 참조

	활용 방법	예
기본형	(な형용사) ～だ	ゆうめい 有名だ 유명하다
	(い형용사) ～い	おいしい 맛있다
정중형	(な형용사) ～(だ)+です	ゆうめい 有名です 유명합니다
	(い형용사) ～い ＋です	おいしいです 맛있습니다
부정형	(な형용사) ～(だ)+じゃ ありません	ゆうめい 有名じゃ ありません 유명하지 않습니다
	(い형용사) ～(い)+く ありません	おいしく ありません 맛있지 않습니다
명사 수식형	(な형용사) ～(だ)→な＋명사	ゆうめい　おんせん 有名な 温泉 유명한 온천
	(い형용사) ～い＋명사	りょう り おいしい 料理 맛있는 요리
연결형	(な형용사) ～(だ)+で	ゆうめい 有名で 유명하고
	(い형용사) ～(い)+くて	おいしくて 맛있고

잠깐! TIP

いい(=よい)의 활용

いいです (O)	いい 天気 (O) てん き	いく ありません (X)
よいです (O)	よい 天気 (O) てん き	よく ありません (O)

예　今日の 天気は あまり よく ありません。(O) 오늘의 날씨는 별로 좋지 않습니다.
きょう　てん き
　　　今日の 天気は あまり いく ありません。(X)
きょう　てん き

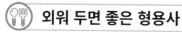

외워 두면 좋은 형용사

『NEW맛있는 일본어 Level 1』 123쪽, 137쪽 참조

な형용사		い형용사	
<ruby>有名<rt>ゆうめい</rt></ruby>だ	유명하다	<ruby>高<rt>たか</rt></ruby>い	비싸다, 높다
<ruby>便利<rt>べんり</rt></ruby>だ	편리하다	<ruby>安<rt>やす</rt></ruby>い	싸다
<ruby>簡単<rt>かんたん</rt></ruby>だ	간단하다	おいしい	맛있다
<ruby>静<rt>しず</rt></ruby>かだ	조용하다	かわいい	귀엽다
にぎやかだ	번화하다, 활기차다	<ruby>大<rt>おお</rt></ruby>きい	크다
<ruby>好<rt>す</rt></ruby>きだ	좋아하다	<ruby>小<rt>ちい</rt></ruby>さい	작다
<ruby>上手<rt>じょうず</rt></ruby>だ	잘하다	<ruby>多<rt>おお</rt></ruby>い	많다
<ruby>下手<rt>へた</rt></ruby>だ	못하다	<ruby>少<rt>すく</rt></ruby>ない	적다
きれいだ	예쁘다, 깨끗하다	むずかしい	어렵다
まじめだ	성실하다	おもしろい	재미있다

잠깐! TIP
해석할 때 주의해야 하는 な형용사

★ ～が <ruby>好<rt>す</rt></ruby>きです ～을/를 좋아합니다

  <ruby>好<rt>す</rt></ruby>きじゃ ありません ～을/를 좋아하지 않습니다

★ ～が <ruby>上手<rt>じょうず</rt></ruby>です ～을/를 잘합니다

  <ruby>上手<rt>じょうず</rt></ruby>じゃ ありません ～을/를 잘하지 않습니다

1월	2월	3월	4월	5월	6월	7월
いちがつ	にがつ	さんがつ	しがつ	ごがつ	ろくがつ	しちがつ

8월	9월	10월	11월	12월	몇 월
はちがつ	くがつ	じゅうがつ	じゅういちがつ	じゅうにがつ	何月 (なんがつ)

Sun 日曜日 (にちようび)	Mon 月曜日 (げつようび)	Tue 火曜日 (かようび)	Wed 水曜日 (すいようび)	Thu 木曜日 (もくようび)	Fri 金曜日 (きんようび)	Sat 土曜日 (どようび)
	1 ついたち	2 ふつか	3 みっか	4 よっか	5 いつか	6 むいか
7 なのか	8 ようか	9 ここのか	10 とおか	11 じゅういちにち	12 じゅうににち	13 じゅうさんにち
14 じゅうよっか	15 じゅうごにち	16 じゅうろくにち	17 じゅうしちにち	18 じゅうはちにち	19 じゅうくにち	20 はつか
21 にじゅういちにち	22 にじゅうににち	23 にじゅうさんにち	24 にじゅうよっか	25 にじゅうごにち	26 にじゅうろくにち	27 にじゅうしちにち
28 にじゅうはちにち	29 にじゅうくにち	30 さんじゅうにち	31 さんじゅういちにち	며칠 何日 (なんにち)		

그제	어제	오늘	내일	모레
おととい	昨日 (きのう)	今日 (きょう)	明日 (あした)	あさって

1◯ 동사 ます형의 활용

『NEW맛있는 일본어 Level 1』 162~164쪽 참조

분류	기본형		활용 방법	~ます ~합니다, ~하겠습니다	~ません ~하지 않습니다
1그룹 동사	買^かう	사다	う → い + ます	買^かいます	買^かいません
	行^いく	가다	く → き + ます	行^いきます	行^いきません
	待^まつ	기다리다	つ → ち + ます	待^まちます	待^まちません
	飲^のむ	마시다	む → み + ます	飲^のみます	飲^のみません
	遊^{あそ}ぶ	놀다	ぶ → び + ます	遊^{あそ}びます	遊^{あそ}びません
	乗^のる	타다	る → り + ます	乗^のります	乗^のりません
	★帰^{かえ}る	돌아가(오)다	る → り + ます	帰^{かえ}ります	帰^{かえ}りません
2그룹 동사	見^みる	보다	る + ます	見^みます	見^みません
	起^おきる	일어나다	る + ます	起^おきます	起^おきません
	食^たべる	먹다	る + ます	食^たべます	食^たべません
	寝^ねる	자다	る + ます	寝^ねます	寝^ねません
3그룹 동사	来^くる	오다	필수 암기	来^きます	来^きません
	する	하다		します	しません

잠깐! **TIP**
동사의 그룹 분류

★ 1그룹 동사: 2, 3그룹을 제외한 u단으로 끝나는 동사
　　　　　 예외 1그룹 동사(帰^{かえ}る 돌아가(오)다, 入^{はい}る 들어가(오)다)

★ 2그룹 동사: る로 끝나는 동사 중 る의 앞 음절이 i단 또는 e단인 동사

★ 3그룹 동사: 「来^くる」, 「する」는 필수 암기 동사

김세영
<ruby>きむ<rt></rt></ruby>・<ruby>せよん<rt></rt></ruby>
キム・セヨン

TRACK 01-01

はじめまして。キム・セヨンです。

わたしは 韓国人で、学生です。

専攻は 心理学で、旅行が 好きです。

好きな 料理は とんカツと そばです。

どうぞ よろしく おねがいします。

처음 뵙겠습니다. 김세영입니다.
저는 한국인이고, 학생입니다.
전공은 심리학이고, 여행을 좋아합니다.
좋아하는 요리는 돈가스와 소바입니다.
잘 부탁합니다.

다나카 사토시
<ruby>たなか<rt></rt></ruby>
田中さとし

TRACK 01-02

わたしの 家は 東京駅の そばに あります。

わたしは 韓国の 歌手の 中で Kピンクが

一番 好きです。

この CDも Kピンクのです。

わたしは かわいくて 歌が 上手な タイプが 好きです。

저의 집은 도쿄역 근처에 있습니다.
저는 한국 가수 중에서 K핑크를 가장 좋아합니다.
이 CD도 K핑크의 것입니다.
저는 귀엽고 노래를 잘하는 타입을 좋아합니다.

이승준
イ・スンジュン

TRACK 01-03

わたしは 朝 7時から 8時まで 運動を します。
朝ごはんは 食べません。
旅行が 好きで、おいしい 日本料理が 好きです。
それから、わたしは お茶より コーヒーの 方が
好きです。
デザートは あまり 好きじゃ ありません。

저는 아침 7시부터 8시까지 운동을 합니다.
아침밥은 먹지 않습니다.
여행을 좋아하고, 맛있는 일본 요리를 좋아합니다.
그리고 저는 차보다 커피(쪽)를 좋아합니다.
디저트는 별로 좋아하지 않습니다.

아오야마 리나
青山りな

TRACK 01-04

今日は 7月 1日 土曜日、友達の 誕生日です。
わたしは デパートで プレゼントを 買います。
プレゼントは 靴に します。
デパートの となりに 有名な ケーキ屋が あります。
わたしは チョコケーキにします。ひとつ 2,000円です。
これは あまり 高く ありません。

오늘은 7월 1일 토요일, 친구의 생일입니다.
저는 백화점에서 선물을 살 겁니다.
선물은 구두로 할 겁니다.
백화점 옆에 유명한 케이크 가게가 있습니다.
저는 초코 케이크로 할 겁니다. 한 개 2,000엔입니다.
이것은 별로 비싸지 않습니다.

온천

TRACK 01-05

A すみません。 저기요.

大人 ひとりと 子供 ふたり おねがいします。 어른 1명과 아이 2명이요.

それから タオルも ひとつ ください。 그리고 타월도 한 개 주세요.

B はい。合計 3,800円です。 네. 다 합해서 3,800엔입니다.

A あの、トイレは どこですか。 저, 화장실은 어디입니까?

B トイレは こちらです。 화장실은 이쪽입니다.

✅ Check ひとり 한 명, ふたり 두 명, さんにん 세 명, よにん 네 명, ごにん 다섯 명

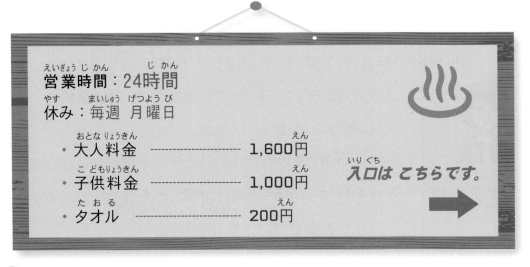

営業時間：24時間
休み：毎週 月曜日
• 大人料金 ------------------- 1,600円
• 子供料金 ------------------- 1,000円
• タオル ------------------- 200円

入口は こちらです。 →

응용하기

① タオルは いくらですか。 타월은 얼마입니까?

② 入口は どこですか。 입구는 어디입니까?

③ 休みは いつですか。 휴일은 언제입니까?

가게

A いらっしゃいませ。　어서 오세요.

B 靴<ruby>くつ</ruby>は どこに ありますか。　구두는 어디에 있습니까?

A 一階<ruby>いっかい</ruby>に あります。　1층에 있습니다.

こちらへ どうぞ。　이쪽으로 오세요.

こちらは さいきん 人気<ruby>にんき</ruby>です。　이것은 요즘 인기예요.

B そうですか。じゃ、これ ください。　그래요? 그럼, 이거 주세요.

くつ
靴

しゃつ
Tシャツ

ぶらうす
ブラウス

こ と
コート

ずぼん
ズボン

すか と
スカート

ぼうし
帽子

さいふ

べると
ベルト

응용하기

① もっと 大<ruby>おお</ruby>きいのは ありませんか。　더 큰 것은 없습니까?

② もっと 小<ruby>ちい</ruby>さいのは ありませんか。　더 작은 것은 없습니까?

식당

A すみません。 저기요.

　　<ruby>牛丼<rt>ぎゅうどん</rt></ruby> ひとつと <ruby>ラーメン<rt>らめん</rt></ruby> ひとつ ください。 규동 한 개와 라면 한 개 주세요.

B はい、しょうしょう おまちください。 네, 잠시 기다려 주세요.

A あ、それから たこやきも ひとつ ください。 아, 그리고 다코야키도 한 개 주세요.

B はい。<ruby>合計<rt>ごうけい</rt></ruby> <ruby>1,500円<rt>せんごひゃくえん</rt></ruby>です。 네. 다 합해서 1,500엔입니다.

★ <ruby>メニュー<rt>めにゅう</rt></ruby> ★

・たこやき	400<ruby>円<rt>えん</rt></ruby>	・おにぎり<ruby>セット<rt>せっと</rt></ruby>	300<ruby>円<rt>えん</rt></ruby>
・<ruby>牛丼<rt>ぎゅうどん</rt></ruby>	500<ruby>円<rt>えん</rt></ruby>	・<ruby>お好み焼き<rt>このみや</rt></ruby>	800<ruby>円<rt>えん</rt></ruby>
・<ruby>ラーメン<rt>らめん</rt></ruby>	600<ruby>円<rt>えん</rt></ruby>	・やきそば	550<ruby>円<rt>えん</rt></ruby>
・<ruby>とんカツセット<rt>かつせっと</rt></ruby>	1,050<ruby>円<rt>えん</rt></ruby>	・<ruby>そばセット<rt>せっと</rt></ruby>	920<ruby>円<rt>えん</rt></ruby>
・<ruby>カレーセット<rt>かれせっと</rt></ruby>	1,000<ruby>円<rt>えん</rt></ruby>	・<ruby>すしセット<rt>せっと</rt></ruby>	1,200<ruby>円<rt>えん</rt></ruby>
・<ruby>コーヒー<rt>こひ</rt></ruby>	320<ruby>円<rt>えん</rt></ruby>	・<ruby>チョコケーキ<rt>ちょこけき</rt></ruby>	370<ruby>円<rt>えん</rt></ruby>
・<ruby>ジュース<rt>じゅす</rt></ruby>	230<ruby>円<rt>えん</rt></ruby>	・<ruby>いちごケーキ<rt>けき</rt></ruby>	340<ruby>円<rt>えん</rt></ruby>

응용하기

① いくらですか。 얼마입니까?

② （　　　）<ruby>円<rt>えん</rt></ruby>の おかえしです。 （　　　）엔의 거스름돈입니다.

02

しゅうまつ なに
週末は 何を しましたか。
주말에는 무엇을 했습니까?

이번 과의 여행지는?

간토

도쿄, 스카이트리
とうきょう す か い つ り
東京, スカイツリー

도쿄는 일본의 수도로, 정치, 경제, 문화의 중심 도시입니다. 이런 도쿄의 시내를 한눈에 볼 수 있는 전망대 중에 가장 대표적인 곳이 도쿄 스카이트리입니다.

이번 과의 포인트는?

Study

동사 ます형의 과거형과 과거 부정형의 활용에 대해 배우고 자신 있게 말할 수 있습니다.

Travel

도쿄의 야경을 한눈에 볼 수 있는 스카이트리 전망대에 대해 알 수 있습니다.

Culture

일본 도쿄의 대표적인 야경 명소에 대해 알 수 있습니다.

맛있는 회화

※ 사토시(さとし)와 세영(セヨン)이 주말에 무엇을 했는지에 대해 이야기하고 있습니다.

さとし　キムさん、週末は 何を しましたか。

セヨン　スカイツリーで 夜景を 見ました。田中さんは？

さとし　私は 友達と 一緒に コーヒーフェスティバルへ
　　　　行きました。来年も 行く つもりです。

「スカイツリー」는 도쿄 스미다구에 세워진 높이 634m의 세계에서 가장 높은 자립식 전파탑입니다.

낱말과 표현

週末 주말 | 何 무엇 | しましたか 했습니까? | スカイツリー 스카이트리(도쿄 스미다구에 세워진 선파탑) | 夜景 야경 | 見ました 봤습니다 | 友達 친구 | 一緒に 같이, 함께 | コーヒー 커피 | フェスティバル 페스티벌, 축제 | ～へ ~에, ~(으)로 | 行きました 갔습니다 | 来年 내년 | つもり 생각, 예정

❀ 승준(スンジュン)과 리나(りな)가 어제 무엇을 했는지에 대해 이야기하고 있습니다.

スンジュン 青山さん、昨日は どこへ 行きましたか。

りな どこへも 行きませんでした。

体の 調子が 悪くて……。

スンジュン え？ 今は 大丈夫ですか。

りな はい、今日は 六本木ヒルズで 彼氏に 会う 予定です。

낱말과 표현

昨日 어제 | 〜へ 〜에, 〜(으)로 | 行きましたか 갔습니까? | どこへも 아무데도 | 行きませんでした 가지 않았습니다 | 体 몸 | 調子 상태, 컨디션 | 悪くて 나빠서, 안 좋아서 | 大丈夫ですか 괜찮습니까? | 六本木ヒルズ 롯폰기힐즈(도쿄 야경과 모리 미술관으로 유명) | 彼氏 남자친구 | 〜に 会う 〜을/를 만나다 | 予定 예정

1 동사 ます형의 과거형·과거 부정형

분류	기본형		활용 방법	~ました ~했습니다	~ませんでした ~하지 않았습니다
1그룹 동사	か 買う	사다	u단 → i단 +ました ませんでした	か 買いました	か 買いませんでした
	あ 会う	만나다		あ 会いました	あ 会いませんでした
	い 行く	가다		い 行きました	い 行きませんでした
	ま 待つ	기다리다		ま 待ちました	ま 待ちませんでした
	の 飲む	마시다		の 飲みました	の 飲みませんでした
	あそ 遊ぶ	놀다		あそ 遊びました	あそ 遊びませんでした
	の 乗る	타다		の 乗りました	の 乗りませんでした
	かえ ★帰る	돌아가(오)다	る → り +ました ませんでした	かえ 帰りました	かえ 帰りませんでした
2그룹 동사	み 見る	보다	る+ました ませんでした	み 見ました	み 見ませんでした
	お 起きる	일어나다		お 起きました	お 起きませんでした
	た 食べる	먹다		た 食べました	た 食べませんでした
	ね 寝る	자다		ね 寝ました	ね 寝ませんでした
3그룹 동사	く 来る	오다	필수 암기	き 来ました	き 来ませんでした
	する	하다		しました	しませんでした

2 ～ました　　　　　　　　　　　　　　　　　　　　～했습니다

・スカイツリーで 夜景を 見ました。[見る]

・昨日は 10時に 寝ました。[寝る]

・天気が 悪くて 約束を キャンセルしました。[する]

3 ～ませんでした　　　　　　　　　　　　　　　　　～하지 않았습니다

・どこへも 行きませんでした。[行く]

・昨日は 何も 食べませんでした。[食べる]

・デパートで 何も 買いませんでした。[買う]

スカイツリー 스카이트리 | 夜景 야경 | 天気 날씨 | 悪い 나쁘다 | 約束 약속 | キャンセル 취소 |
どこへも 아무데도 | 何も 아무것도 | デパート 백화점 | 買う 사다

4 ～へ + 行く・来る・帰る

～에, ～(으)로 가다・오다・돌아가(오)다

- 友達（ともだち）と 一緒（いっしょ）に コーヒーフェスティバルへ 行（い）きました。

- 先輩（せんぱい）と 東京駅（とうきょうえき）の 広場（ひろば）へ 来（き）ました。

- ワンさんは 中国（ちゅうごく）へ 帰（かえ）りませんでした。

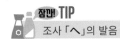

잠깐! TIP

조사 「へ」의 발음

「へ」가 조사로 쓰일 때는 [e]로 발음한다는 점에 주의하세요.

5 つもり

생각, 예정

- 今日（きょう）は 会社（かいしゃ）の 同僚（どうりょう）と お茶（ちゃ）を 飲（の）む つもりです。

- 週末（しゅうまつ）は 公園（こうえん）で 遊（あそ）ぶ つもりです。

- 明日（あした）は 六本木（ろっぽんぎ）ヒルズで 夜景（やけい）を 見（み）る つもりです。

～と 一緒（いっしょ）に ~와 함께 | フェスティバル 페스티벌, 축제 | 先輩（せんぱい） 선배 | 広場（ひろば） 광장 | 帰（かえ）る 돌아가(오)다 | 会社（かいしゃ） 회사 | 同僚（どうりょう） 동료 | お茶（ちゃ） 차 | 週末（しゅうまつ） 주말 | 公園（こうえん） 공원 | 遊（あそ）ぶ 놀다 | 六本木（ろっぽんぎ）ヒルズ 롯폰기힐즈 | 夜景（やけい） 야경

⑥ 予定（よてい）

예정

- 今日（きょう）は 展望台（てんぼうだい）で 彼氏（かれし）に 会（あ）う 予定（よてい）です。

- 来週（らいしゅう）は 東京（とうきょう）タワーへ 行（い）く 予定（よてい）です。

- バスは 9時（くじ）に 出発（しゅっぱつ）する 予定（よてい）です。

 잠깐! TIP
「つもり」와「予定（よてい）」의 차이

둘 다 '예정'이라는 의미이지만, 「つもり」는 자신의 생각과 마음속으로 정한 계획을 뜻하고, 「予定（よてい）」는 자신이 세운 확정된 일정이나 앞으로 일어날 사항에 대해 미리 정해져 있을 때에 사용됩니다.

展望台（てんぼうだい）전망대 | 彼氏（かれし）남자친구 | ～に 会（あ）う ~을/를 만나다 | 来週（らいしゅう）다음 주 | 東京（とうきょう）タワー 도쿄 타워 | バス 버스 | 出発（しゅっぱつ）する 출발하다

▽ 다음 문장을 따라 말해 보세요.

---

1 🎙️ ⬜⬜⬜

a 昨日(きのう)は 何(なに)を しましたか。
　→ 友達(ともだち)と 一緒(いっしょ)に 公園(こうえん)へ 行(い)きました。

어제는 무엇을 했습니까?

→ 친구와 함께 공원에 갔습니다.

---

2 🎙️ ⬜⬜⬜

a 今日(きょう)は 何時(なんじ)に 起(お)きましたか。
　→ 朝(あさ) 6時(ろくじ) 30分(さんじゅっぷん)に 起(お)きました。

오늘은 몇 시에 일어났습니까?

→ 아침 6시 30분에 일어났습니다.

---

3 🎙️ ⬜⬜⬜

a 週末(しゅうまつ)は コンサートへ 行(い)く つもりです。

주말에는 콘서트에 갈 생각입니다.

b この ビルの 10階(じゅっかい)で 友達(ともだち)に 会(あ)う 予定(よてい)です。

이 빌딩 10층에서 친구를 만날 예정입니다.

---

4 🎙️ ⬜⬜⬜

a 昨日(きのう)は 図書館(としょかん)で 勉強(べんきょう)しましたか。
　→ いいえ、勉強(べんきょう)しませんでした。

어제는 도서관에서 공부했습니까?

→ 아니요, 공부하지 않았습니다.

맛있는 응용 연습

▽ 다음 그림을 보고 와 같이 말해 보세요.

예

A 週末は 何を しましたか。

B 田中さんと 映画を 見ました。

A 食事も しましたか。

B いいえ、食事は しませんでした。

田中さんと 映画を 見る,
食事も する

1

温泉旅館へ 行く,
会席料理も 食べる

2

海で 遊ぶ,
写真も 撮る

3

友達に 会う,
コーヒーも 飲む

4

デパートで 買い物を する,
靴も 買う

食事 식사 | 温泉旅館 온천여관 | 会席料理 가이세키 요리(연회용 코스 요리) | 海 바다 | 遊ぶ 놀다 | 写真
사진 | 撮る 찍다 | ~に 会う ~을/를 만나다 | デパート 백화점 | 買い物 쇼핑 | 靴 구두 | 買う 사다

▽ 다음은 어제 있었던 일에 대한 내용입니다. 예와 같이 자유롭게 대화해 보세요.

映画館・さとし先輩・金曜日

デパート・森先生・水曜日

図書館・友達・日曜日

コンサート・会社の 同僚・土曜日

예

A 昨日は 何を しましたか。

B 私は 図書館へ 行きました。

　 そこで 偶然 友達に 会いました。

A へ～、私も 日曜日に 図書館へ 行く 予定です。

映画館 영화관 | 先輩 선배 | デパート 백화점 | 図書館 도서관 | コンサート 콘서트 | 同僚 동료 | そこで
거기에서 | 偶然 우연히 | 予定 예정

▽ 다음은 리나와 회사 동료 하나에의 문자 메시지입니다. 내용을 읽고 답해 보세요.

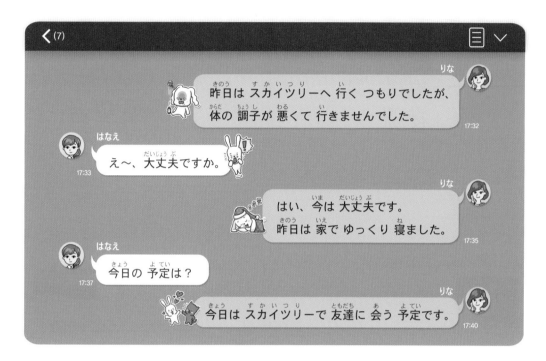

1 다음 밑줄 친 곳에 들어갈 알맞은 말을 쓰세요.

りなさんは 今日、スカイツリーへ ＿＿＿＿＿＿＿予定です。

2 다음 ❶～❸ 중에서 가장 적절한 것을 하나 고르세요.

❶ 昨日、りなさんは スカイツリーへ 行きませんでした。

❷ りなさんは 今日、友達に 会いません。

❸ りなさんは 明日、友達に 会います。

スカイツリー 스카이트리 | 体 몸 | 調子が 悪い 컨디션이 안 좋다, 상태가 나쁘다 | 大丈夫だ 괜찮다 |
ゆっくり 푹, 느긋하게 | 寝る 자다 | 友達 친구 | ～に 会う ~을/를 만나다 | 明日 내일

맛있는 한자 & 가타카나

▽ 다음 한자와 가타카나를 써 보세요.

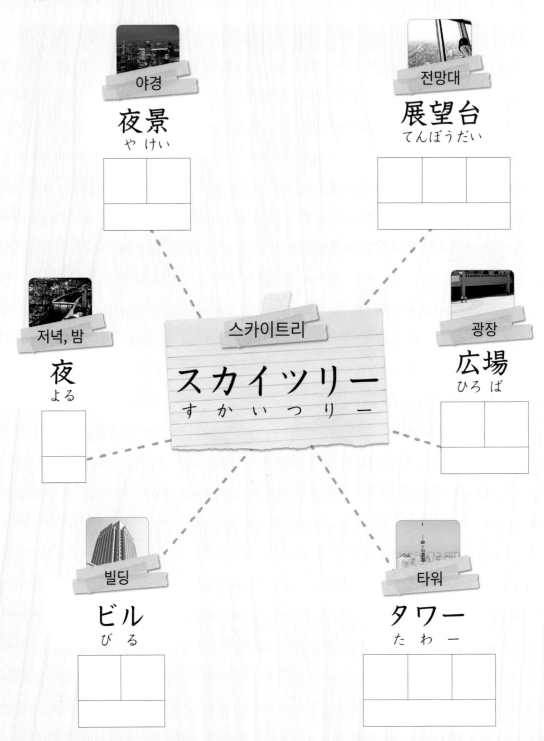

야경
夜景
や けい

전망대
展望台
てんぼうだい

저녁, 밤
夜
よる

스카이트리
スカイツリー
すかいつりー

광장
広場
ひろ ば

빌딩
ビル
び る

타워
タワー
た わ ー

어휘 다음 한자의 발음으로 올바른 것을 ❶~❸ 중에서 하나 고르세요.

1

図書館

❶ としょうかん

❷ どじょかん

❸ としょかん

2

週末

❶ しゅまつ

❷ しゅうまつ

❸ じゅうまつ

3

夜景

❶ やけい

❷ けしき

❸ やたい

문법 다음 (1), (2)에 순서대로 들어갈 가장 알맞은 말을 ❶~❹ 중에서 하나 고르세요.

スカイツリー(1) 友達(2) 会う 予定です。

❶ で, を   ❷ に, を   ❸ が, に   ❹ で, に

청취 다음 대화를 듣고 내용에 맞는 사진을 ❶~❸ 중에서 하나 고르세요. **TRACK** 02-05

❶    ❷    ❸

눈으로 맘껏즐기는 일본 여행 & 문화

도쿄, 스카이트리

도쿄 스카이트리(スカイツリー)는 일본 도쿄 스미다구에 세워진 634m의 세계에서 가장 높은 전파탑입니다. 도쿄 스카이트리 전망대에 올라가면 도쿄 시내를 한눈에 감상할 수 있고, 특히 야경을 보려는 관광객들에게 인기가 많은 곳입니다.

[교통]
도쿄 스카이트리 라인 도쿄 스카이트리역 또는 한조몬선 오시아게(스카이트리마에)역에서 도보 약 15분

도쿄의 야경을 보고 싶다면? 바로 여기!!

도쿄에는 도쿄 시내를 한눈에 볼 수 있고 날씨가 좋으면 멀리 후지산까지 보이는 전망대가 많이 있습니다. 그중에서 아름다운 도쿄의 야경을 감상할 수 있는 전망대는 어디인지 한번 살펴볼까요?

롯폰기힐즈 모리타워(六本木ヒルズ 森タワー)에서는 도쿄 시내의 야경뿐만 아니라 모리 미술관도 같이 둘러볼 수 있습니다.

파리의 에펠탑을 모방해 만든 도쿄 타워(東京タワー)의 전망대에서 도쿄의 야경을 감상할 수 있습니다.

신주쿠역 가까이에 있는 도쿄 도청 전망대에서는 무료로 도쿄의 야경을 감상할 수 있으며 남쪽, 북쪽 두 개의 전망대가 있습니다.

かいせきりょうり
会席料理は おいしかったですか。
가이세키 요리는 맛있었습니까?

이번 과의 여행지는?

간토

하코네, 하코네 온천　하こね, はこねおんせん 箱根, 箱根温泉

하코네는 온천뿐만 아니라 자연 경관 또한 아름다워 힐링하기에 좋은 인기 관광지입니다. 도쿄와도 가까운 거리에 위치해 있어 당일치기 여행도 가능합니다.

이번 과의 포인트는?

Study

형용사의 과거형과 과거 부정형, 부사형의 활용에 대해 배우고 자신 있게 말할 수 있습니다.

Travel

하코네 지역과 하코네 온천에 대한 여행 정보를 알 수 있습니다.

Culture

일본 온천 문화에 대해 알 수 있습니다.

TRACK 03-01

※ 그레이스(グレース)는 폴(ポール)에게 하코네 온천에 다녀온 이야기를 하고 있습니다.

グレース　私は 昨日、箱根に ある 温泉へ 行きました。

ポール　そうですか。バスで 行きましたか。

グレース　いいえ、新宿駅から ロマンスカーで 行きましたが、

　　　　すこし 早く 着きました。

「ロマンスカー」는 신주쿠에서 하코네까지 직통으로 연결되는 특급열차로 전 좌석 지정제입니다.

낱말과 표현

昨日 어제 | 箱根 하코네(일본의 온천 휴양지) | ~に ある ~에 있는 | 温泉 온천 | ~へ ~에, ~(으)로 | 行きました 갔습니다 | そうですか 그렇습니까? | バス 버스 | ~で ~(으)로 | ~から ~에서, ~부터 | ロマンスカー 로망스카(특급열차) | ~が ~입니다만, ~인데 | すこし 조금, 약간 | 早く 일찍, 빨리 | 着きました 도착했습니다

✽ 그레이스(グレース)가 승준(スンジュン)에게 하코네 온천여관에 대해 이야기하고 있습니다.

スンジュン 温泉旅館は どうでしたか。

グレース 景色が よくて、部屋も きれいでした。

スンジュン 会席料理は おいしかったですか。

グレース はい。料理の 種類は 多く ありませんでしたが、

味は よかったです。

낱말과 표현

温泉旅館 온천여관 | どうでしたか 어땠습니까? | 景色 경치 | よくて 좋고 | 部屋 방 | きれいでした 깨끗했습니다 | 会席料理 가이세키 요리(연회용 코스 요리) | おいしかったですか 맛있었습니까? | 料理 요리 | 種類 종류 | 多く ありませんでした 많지 않았습니다 | 〜が ~입니다만, ~인데 | 味 맛 | よかった です 좋았습니다

맛있는 문법

---

1 형용사의 과거형 · 과거 부정형 · 부사형

분류	활용 방법	예
기본형	(な형용사) 〜だ	有名だ 유명하다
	(い형용사) 〜い	おいしい 맛있다
과거형	(な형용사) 〜だ + でした	有名でした 유명했습니다
	(い형용사) 〜い + かったです	おいしかったです 맛있었습니다
과거 부정형	(な형용사) 〜だ + じゃ ありませんでした	有名じゃ ありませんでした 유명하지 않았습니다
	(い형용사) 〜い + く ありませんでした	おいしく ありませんでした 맛있지 않았습니다
부사형	(な형용사) 〜だ + に	有名に 유명하게
	(い형용사) 〜い + く	おいしく 맛있게

---

2 (な형용사) 〜だ + でした

(い형용사) 〜い + かったです

~ㅆ습니다

・景色が よくて、部屋も きれいでした。[きれいだ]

・和食は とても おいしかったです。[おいしい]

景色 경치 | 部屋 방 | きれいだ 예쁘다, 깨끗하다 | 和食 일식 | とても 매우, 아주

③ (な형용사) 〜だ + じゃ ありませんでした

(い형용사) 〜い + く ありませんでした

~지 않았습니다

・ この 問題は あまり 簡単じゃ ありませんでした。[簡単だ]

・ 寿司の 種類は 多く ありませんでした。[多い]

잠깐 TIP

형용사 과거 부정형의 유사 표현

★ 〜じゃ ありませんでした = 〜じゃ なかったです

★ 〜く ありませんでした = 〜く なかったです

④ (な형용사) 〜だ + に

(い형용사) 〜い + く

~하게

・ 机の 上を きれいに しました。[きれいだ]

・ 約束の 時間より 早く 着きました。[早い]

問題 문제 | あまり 별로, 그다지 | 簡単だ 간단하다 | 寿司 초밥 | 種類 종류 | 多い 많다 | 机 책상 | する 하다 | 約束 약속 | 時間 시간 | 〜より ~보다 | 早い 빠르다 | 着く 도착하다

5 교통수단・방법・도구 + ～で

~(으)로

1 교통수단
・車で 行きました。

2 방법
・田中さんと 日本語で 話しました。

3 도구
・ペンで 書きました。

6 ～が

~입니다만, ~인데

・ロマンスカーで 行きましたが、早く 着きました。

・天丼を 食べましたが、おいしく ありませんでした。

・これは 日本の 豚カツですが、とても おいしいです。

車 차 | 行く 가다 | 話す 이야기하다 | ペン 펜 | 書く 쓰다 | ロマンスカー 로망스카 | 早い 빠르다 | 着く 도착하다 | 天丼 튀김덮밥 | 食べる 먹다 | 豚カツ 돈가스

형용사의 활용 정리

분류	い형용사의 활용		な형용사의 활용	
기본형	楽^{たの}しい 즐겁다	いい 좋다	便利^{べんり}だ 편리하다	静^{しず}かだ 조용하다
정중형	楽^{たの}しいです 즐겁습니다	いいです 좋습니다	便利^{べんり}です 편리합니다	静^{しず}かです 조용합니다
부정형	楽^{たの}しく ありません 즐겁지 않습니다	よく ありません 좋지 않습니다	便利^{べんり}じゃ ありません 편리하지 않습니다	静^{しず}かじゃ ありません 조용하지 않습니다
명사 수식형	楽^{たの}しい 旅行^{りょこう} 즐거운 여행	いい 天気^{てんき} 좋은 날씨	便利^{べんり}な 交通^{こうつう} 편리한 교통	静^{しず}かな 所^{ところ} 조용한 곳
연결형	楽^{たの}しくて 즐겁고	よくて 좋고	便利^{べんり}で 편리하고	静^{しず}かで 조용하고
과거형	楽^{たの}しかったです 즐거웠습니다	よかったです 좋았습니다	便利^{べんり}でした 편리했습니다	静^{しず}かでした 조용했습니다
과거 부정형	楽^{たの}しく ありませんでした 즐겁지 않았습니다	よく ありませんでした 좋지 않았습니다	便利^{べんり}じゃ ありませんでした 편리하지 않았습니다	静^{しず}かじゃ ありませんでした 조용하지 않았습니다
부사형	楽^{たの}しく 즐겁게	よく 좋게, 잘	便利^{べんり}に 편리하게	静^{しず}かに 조용히

계절을 나타내는 표현

春^{はる}	봄	暖^{あたた}かい	따뜻하다
夏^{なつ}	여름	暑^{あつ}い	덥다
秋^{あき}	가을	涼^{すず}しい	시원하다
冬^{ふゆ}	겨울	寒^{さむ}い	춥다

TRACK 03-03

▽ 다음 문장을 따라 말해 보세요.

1 🎤 ⬜⬜⬜

a 映画は どうでしたか。

→ とても おもしろかったです。

영화는 어땠습니까?

→ 아주 재미있었습니다.

2 🎤 ⬜⬜⬜

a 交通は 便利でしたか。

→ いいえ、便利じゃ ありませんでした。

교통은 편리했습니까?

→ 아니요, 편리하지 않았습니다.

3 🎤 ⬜⬜⬜

a 料金は とても 高かったです。

요금은 아주 비쌌습니다.

b 天気は あまり よく ありませんでした。

날씨는 별로 좋지 않았습니다.

4 🎤 ⬜⬜⬜

a 電車で 行きましたが、早く 着きました。

전철로 갔는데 일찍 도착했습니다.

b 机の 上を きれいに しました。

책상 위를 깨끗이 했습니다.

▽ 다음 그림을 보고 예와 같이 말해 보세요.

예

A 旅行は どうでしたか。

B1 とても 楽しかったです。

B2 あまり 楽しく ありませんでした。

旅行, 楽しい

1

交通, 便利だ

2

夜景, きれいだ

3

映画, おもしろい

4

デパートの サービス,

いい

旅行 여행 | 楽しい 즐겁다 | 交通 교통 | 便利だ 편리하다 | 夜景 야경 | きれいだ 예쁘다, 깨끗하다 |
映画 영화 | おもしろい 재미있다 | デパート 백화점 | サービス 서비스 | いい 좋다

맛있는 회화 연습

▽ 다음은 지난주 다녀온 곳에 대한 내용입니다. 예와 같이 자유롭게 대화해 보세요.

景色 いい
露天風呂 広い
温泉

スカイツリー
夜景 きれいだ
雰囲気 いい

天気 いい
魚 新鮮だ
沖縄

SHホテル
部屋 広い
周り 静かだ

예

A 私は 先週、 SHホテルへ 行きました。

B そうですか。 SHホテルは どうでしたか。

A 部屋も 広くて、 周りも 静かでした。

B それは よかったですね。

景色 경치 | 露天風呂 노천탕 | 夜景 야경 | 雰囲気 분위기 | 沖縄 오키나와 | 天気 날씨 | 魚 생선 | 新鮮だ
신선하다 | ホテル 호텔 | 部屋 방 | 広い 넓다 | 周り 주변, 주위 | 静かだ 조용하다 | よかったですね
잘됐네요, 좋았겠네요

맛있는 독해 연습

▽ 다음은 하코네에 있는 온천에 대한 앙케트입니다. 내용을 읽고 답해 보세요.

温泉(おんせん)は どうでしたか。		
	はい	**いいえ**
1. 露天風呂(ろてんぶろ)は 広(ひろ)かったですか。	☐	☑
2. 会席料理(かいせきりょうり)は おいしかったですか。	☑	☐
3. 交通(こうつう)は 便利(べんり)でしたか。	☐	☑
4. サービス(さびす)は よかったですか。	☑	☐

1 다음 밑줄 친 곳에 들어갈 알맞은 말을 쓰세요.

　これは 箱根(はこね)に ある ＿＿＿＿＿＿の アンケート(あんけーと)です。

2 다음 ❶~❸ 중에서 가장 적절한 것을 하나 고르세요.

　❶ 交通(こうつう)は とても 便利(べんり)でした。

　❷ 会席料理(かいせきりょうり)は あまり おいしく ありませんでした。

　❸ 露天風呂(ろてんぶろ)は あまり 広(ひろ)く ありませんでした。

会席料理(かいせきりょうり) 가이세키 요리 | 交通(こうつう) 교통 | 便利(べんり)だ 편리하다 | サービス(さびす) 서비스 | アンケート(あんけーと) 앙케트

맛있는 한자 & 가타카나

▽ 다음 한자와 가타카나를 써 보세요.

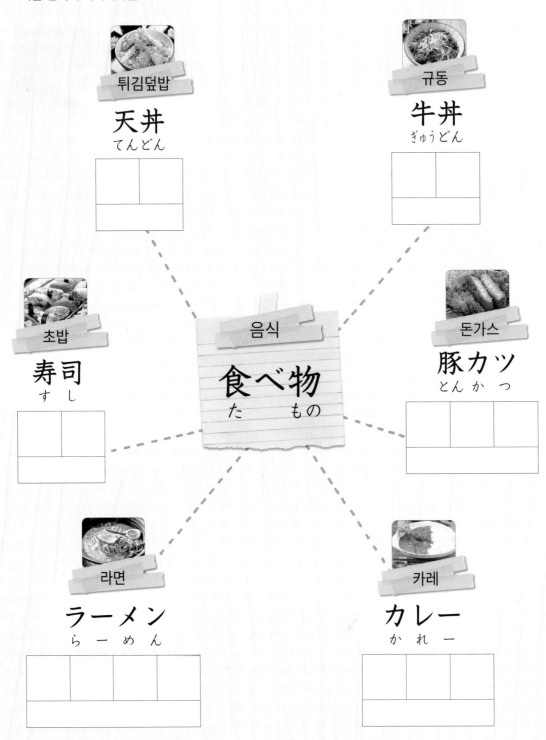

튀김덮밥

天丼
てんどん

규동

牛丼
ぎゅうどん

초밥

寿司
す　し

음식

食べ物
た　　　もの

돈가스

豚カツ
とん　か　つ

라면

ラーメン
ら　－　め　ん

카레

カレー
か　れ　－

맛있는 확인 문제

어휘 다음 한자의 발음으로 올바른 것을 ❶～❸ 중에서 하나 고르세요.

1

天気

❶ でんき

❷ てんし

❸ てんき

2

料金

❶ りょうり

❷ りょうきん

❸ りょきん

3

和食

❶ かんしょく

❷ わしょく

❸ わぎゅう

문법 다음 (1), (2)에 순서대로 들어갈 가장 알맞은 말을 ❶～❹ 중에서 하나 고르세요.

新宿駅（ 1 ）電車（ 2 ） 行きました。

❶ から, で ❷ から, を ❸ で, の ❹ で, へ

TRACK 03-05

청취 다음 대화를 듣고 내용에 맞는 사진을 ❶～❸ 중에서 하나 고르세요.

❶  ❷  ❸

눈으로 맘껏 즐기는 **일본 여행 & 문화**

하코네, 하코네 온천

하코네(箱根)는 도쿄 근교에 있는 꽤 규모가 큰 온천 마을로, 후지산과 가깝고 일상을 벗어나 당일치기나 숙박을 하며 자연 속에서 색다른 풍경과 온천을 즐길 수 있는 인기 관광지입니다. 하코네에 가려면 로망스카를 사전에 예약하거나 하코네 온천 프리패스를 구입하는 것이 좋습니다.

[교통]
신주쿠역에서 하코네유모토역까지 로망스카 이용, 최단 73분 소요

일본의 온천을 즐긴다면? 바로 이거!!

일본 각지에는 답답한 도심에서 벗어나 여유롭게 온천욕을 하며 휴식을 취할 수 있는 온천여관이 많이 있습니다. 온천여관에 가면 무엇을 하며 즐겨야 하는지 한번 살펴볼까요?

일본의 온천여관에서 나오는 가이세키 요리(会席料理)는 다양한 음식이 조금씩 순차적으로 담겨져 나오는 연회용 코스 요리입니다.

일본의 온천여관에 비치되어 있는 유카타(浴衣)는 주로 목욕을 한 뒤에 입는 옷으로, 유카타를 입을 때는 맨발에 게다를 신습니다.

온센타마고(温泉卵)는 온천의 물이나 증기를 이용하여 삶거나 쪄서 만든 일본식 온천 달걀을 말합니다.

04

みなとみらい駅で 会いましょう。

えき　　　あ

미나토미라이역에서 만납시다.

이번 과의 여행지는?

간토

요코하마, 미나토미라이21

よこはま
横浜, みなとみらい21

요코하마는 도쿄의 남쪽 가나가와현에 위치한 항구 도시입니다. '미래의 항구 도시'라는 뜻을 가진 미나토미라이21에는 전망대, 미술관, 공원 등 즐길거리가 다양합니다.

이번 과의 포인트는?

Study

Travel

Culture

「～ましょう/～ましょうか/～ませんか」의 활용 표현과 「から」에 대해 배우고 자신 있게 말할 수 있습니다.

도쿄에서 가까운 관광지 요코하마와 미나토미라이21에 대해 알 수 있습니다.

한국과 다른 일본 교통 문화에 대해 알 수 있습니다.

맛있는 회화

※ 주말에 승준(スンジュン)이 요코하마에 사는 유나(ユウナ)를 만나러 가고 있습니다.

ユウナ もしもし、イさん。今 どこですか。

スンジュン 渋谷です。横浜までは 電車の 方が 速いから、

これから 東横線に 乗ります。

ユウナ はい。じゃ、6時に みなとみらい駅で 会いましょう。

낱말과 표현

もしもし 여보세요 | 今 지금 | どこですか 어디입니까? | 渋谷 시부야(도쿄 관광지) | 横浜 요코하마(도쿄 근교 항구 도시) | ～まで ~까지 | 電車 전철 | 方 쪽, 편 | 速い 빠르다 | ～から ~(이)니까, ~(이)기 때문에 | これから 이제부터 | 東横線 도요코선 | ～に 乗ります ~을/를 탑니다 | みなとみらい駅 미나토미라이역 | 会いましょう 만납시다

※ 승준(スンジュン)과 유나(ユウナ)가 오랜만에 만나서 어디에 갈지에 대해 이야기하고 있습니다.

ユウナ　イさん、お久しぶりです。

スンジュン　お元気でしたか。今日は どこへ 行きましょうか。

ユウナ　えーと、今の 時間は 夜景が きれいだから、

　　　　みなとみらいの 展望台へ 行きませんか。

スンジュン　いいですね。

「みなとみらい21」는 '미래항구21'이라는 뜻의 요코하마에 조성된 계획 도시로, 전망대, 쇼핑몰과 미술관, 공원 등 즐길거리가 다양합니다.

낱말과 표현 🥢

お久しぶりです 오랜만이에요 | お元気でしたか 잘 지냈어요? | 行きましょうか 갈까요? | えーと 음~, 에~ | 時間 시간 | 夜景 야경 | きれいだ 예쁘다, 깨끗하다 | ~から ~(이)니까, ~(이)기 때문에 | みなとみらい 미나토미라이(요코하마 관광지) | 展望台 전망대 | 行きませんか 가지 않겠습니까? | いいですね 좋네요

맛있는 문법

1 동사 ます형의 활용 (1)

～ます	~합니다	飲みます	마십니다
～ましょう	~합시다	飲みましょう	마십시다
～ましょうか	~할까요?	飲みましょうか	마실까요?
～ませんか	~하지 않겠습니까?	飲みませんか	마시지 않겠습니까?

2 ～ましょう
~합시다

・3時に みなとみらい駅で 会いましょう。[会う]

・これから モノレールに 乗りましょう。[乗る]

・デパートで 商品券を 買いましょう。[買う]

会う 만나다 | これから 이제부터 | モノレール 모노레일 | 乗る 타다 | デパート 백화점 | 商品券 상품권
| 買う 사다

③ 〜ましょうか

〜할까요?

- 今日は 美術館へ 行きましょうか。[行く]

- 新幹線で 簡単に 駅弁を 食べましょうか。[食べる]

- プレゼントは 何に しましょうか。[する]

④ 〜ませんか

〜하지 않겠습니까?

- みなとみらいの 展望台で 夜景を 見ませんか。[見る]

- 田中さんの 卒業式に 一緒に 行きませんか。[行く]

- 駅まで 自転車に 乗りませんか。[乗る]

美術館 미술관 | 新幹線 신칸센(일본의 고속철도) | 簡単に 간단하게 | 駅弁 에키벤(역, 기차 안에서 파는 도시락) | プレゼント 선물 | 〜に する ~(으)로 하다 | 展望台 전망대 | 夜景 야경 | 卒業式 졸업식 | 自転車 자전거 | 〜に 乗る ~을/를 타다

5 ～から

종류	접속 방법	예
명사	명사 + だから	学生<ruby>学生<rt>がくせい</rt></ruby>だから 학생이니까
な형용사	～だ + から	新鮮<ruby>新鮮<rt>しんせん</rt></ruby>だから 신선하니까
い형용사	～い + から	高<ruby>高<rt>たか</rt></ruby>いから 비싸니까
동사	기본형 + から	到着<ruby>到着<rt>とうちゃく</rt></ruby>するから 도착하니까

・明日<ruby>明日<rt>あした</rt></ruby>は 休<ruby>休<rt>やす</rt></ruby>みだから、久<ruby>久<rt>ひさ</rt></ruby>しぶりに 博物館<ruby>博物館<rt>はくぶつかん</rt></ruby>へ 行<ruby>行<rt>い</rt></ruby>きましょうか。[休<ruby>休<rt>やす</rt></ruby>み]

・ここは 和食<ruby>和食<rt>わしょく</rt></ruby>が 有名<ruby>有名<rt>ゆうめい</rt></ruby>だから、寿司<ruby>寿司<rt>すし</rt></ruby>を 食<ruby>食<rt>た</rt></ruby>べませんか。[有名<ruby>有名<rt>ゆうめい</rt></ruby>だ]

・この かばんは 値段<ruby>値段<rt>ねだん</rt></ruby>も 安<ruby>安<rt>やす</rt></ruby>いから、人気<ruby>人気<rt>にんき</rt></ruby>が あります。[安<ruby>安<rt>やす</rt></ruby>い]

・2時<ruby>時<rt>じ</rt></ruby>に 出発<ruby>出発<rt>しゅっぱつ</rt></ruby>するから、早<ruby>早<rt>はや</rt></ruby>く 切符<ruby>切符<rt>きっぷ</rt></ruby>を 買<ruby>買<rt>か</rt></ruby>いましょう。[出発<ruby>出発<rt>しゅっぱつ</rt></ruby>する]

休<ruby>休<rt>やす</rt></ruby>み 휴일 | 久<ruby>久<rt>ひさ</rt></ruby>しぶりに 오랜만에 | 博物館<ruby>博物館<rt>はくぶつかん</rt></ruby> 박물관 | 和食<ruby>和食<rt>わしょく</rt></ruby> 일식 | 有名<ruby>有名<rt>ゆうめい</rt></ruby>だ 유명하다 | 寿司<ruby>寿司<rt>すし</rt></ruby> 초밥 | かばん 가방 | 値段<ruby>値段<rt>ねだん</rt></ruby> 가격 | 安<ruby>安<rt>やす</rt></ruby>い 싸다 | 人気<ruby>人気<rt>にんき</rt></ruby> 인기 | 出発<ruby>出発<rt>しゅっぱつ</rt></ruby>する 출발하다 | 切符<ruby>切符<rt>きっぷ</rt></ruby> 표, 티켓 | 買<ruby>買<rt>か</rt></ruby>う 사다

1 「に」가 오는 대표적인 경우

- 友達_{ともだち}に 会_あいます。(O)　　友達_{ともだち}を 会_あいます。(X)
  친구를 만납니다.

- バスに 乗_のります。(O)　　バスを 乗_のります。(X)
  버스를 탑니다.

2 「に」와 「で」의 구분

- 美術館_{びじゅつかん}に います。(O)　　美術館_{びじゅつかん}で います。(X)
  미술관에 있습니다.

- 美術館_{びじゅつかん}で 待_まちます。(O)　　美術館_{びじゅつかん}に 待_まちます。(X)
  미술관에서 기다립니다.

3 「で」와 「から」의 구분

- 新宿駅_{しんじゅくえき}から 出発_{しゅっぱつ}します。(O)　　新宿駅_{しんじゅくえき}で 出発_{しゅっぱつ}します。(X)
  신주쿠역에서(부터) 출발합니다.

- 駅_{えき}から 近_{ちか}いです。(O)　　駅_{えき}で 近_{ちか}いです。(X)
  역에서(부터) 가깝습니다.

☑Check　여기에서 「から」는 출발점, 동작의 기점을 나타냅니다.

4 「に」와 「へ」

- どこに 行_いきましょうか。(O)　　どこへ 行_いきましょうか。(O)
  어디에 갈까요?　　　　　　　　　어디로 갈까요?

잠깐! TIP
「に」와 「へ」

조사 「に」와 「へ」 뒤에는 동사 「行_いく・来_くる・帰_{かえ}る」가 오고, 이동과 방향을 나타내는 의미로 쓰일 때는 「に」와 「へ」 어느 쪽을 써도 됩니다.

▽ 다음 문장을 따라 말해 보세요.

1 🎤 ■■■

a 今日(きょう)は どこへ 行(い)きましょうか。
　→ 展望台(てんぼうだい)へ 行(い)きましょう。

오늘은 어디에 갈까요?
→ 전망대에 갑시다.

2 🎤 ■■■

a 日本語(にほんご)で 話(はな)しましょう。

일본어로 이야기합시다.

b 10時出発(じゅうじしゅっぱつ)だから 早(はや)く 行(い)きましょう。

10시 출발이니까 빨리 갑시다.

c モバイル(もばいる)で 予約(よやく)を しましょう。

모바일로 예약을 합시다.

3 🎤 ■■■

a 一緒(いっしょ)に 紅茶(こうちゃ)を 飲(の)みませんか。

같이 홍차를 마시지 않겠습니까?

b 日本(にほん)の 文化(ぶんか)を 体験(たいけん)しませんか。

일본 문화를 체험하지 않겠습니까?

4 🎤 ■■■

a プレゼント(ぷれぜんと)は 何(なに)に しましょうか。
　→ 写真(しゃしん)が 好(す)きだから カメラ(かめら)に しましょう。

선물은 무엇으로 할까요?
→ 사진을 좋아하니까 카메라로 합시다.

▽ 다음 그림을 보고 예와 같이 말해 보세요.

 예

何<small>なに</small>を 食<small>た</small>べる？

どんぶりが 有名<small>ゆうめい</small>だ,

牛丼<small>ぎゅうどん</small>を 食<small>た</small>べる

A 何<small>なに</small>を 食<small>た</small>べましょうか。

B どんぶりが 有名<small>ゆうめい</small>だから、

牛丼<small>ぎゅうどん</small>を 食<small>た</small>べませんか。

A いいですね。そう しましょう。

1

何<small>なに</small>を 買<small>か</small>う？

服<small>ふく</small>が きれいだ,

ジャケット<small>じゃけっと</small>を 買<small>か</small>う

2

何<small>なに</small>を する？

休<small>やす</small>み,

旅行<small>りょこう</small>を する

3

何<small>なに</small>に 乗<small>の</small>る？

バス<small>ばす</small>が 速<small>はや</small>い,

バス<small>ばす</small>に 乗<small>の</small>る

4

どこへ 行<small>い</small>く？

車<small>くるま</small>が ある,

海<small>うみ</small>へ 行<small>い</small>く

どんぶり 덮밥 | 有名<small>ゆうめい</small>だ 유명하다 | 牛丼<small>ぎゅうどん</small> 규동 | 服<small>ふく</small> 옷 | ジャケット<small>じゃけっと</small> 자켓 | 買<small>か</small>う 사다 | 休<small>やす</small>み 휴일 | 旅行<small>りょこう</small> 여행 | 速<small>はや</small>い 빠르다 | 乗<small>の</small>る 타다 | 車<small>くるま</small> 차 | 海<small>うみ</small> 바다

▽ 다음은 입학, 졸업 선물 BEST 목록입니다. **예**와 같이 자유롭게 대화해 보세요.

にゅうがく そつぎょう ぷれぜんと ★★★
入学・卒業 プレゼント Best

かばん
リュックサック

写真
カメラ

アクセサリー
ネックレス

買い物
商品券

예

A プレゼントは 何に しましょうか。

B 木村さんは アクセサリーが 好きだから、

ネックレスは どうですか。

A いいですね。ネックレスに しましょう。

入学 입학 | 卒業 졸업 | プレゼント 선물 | リュックサック 백팩 | 写真 사진 | アクセサリー 액세서리
| ネックレス 목걸이 | 買い物 쇼핑 | 商品券 상품권 | ~に しましょう ~(으)로 합시다

▽ 다음은 요코하마 코스모월드에 대한 인터넷 정보입니다. 내용을 읽고 답해 보세요.

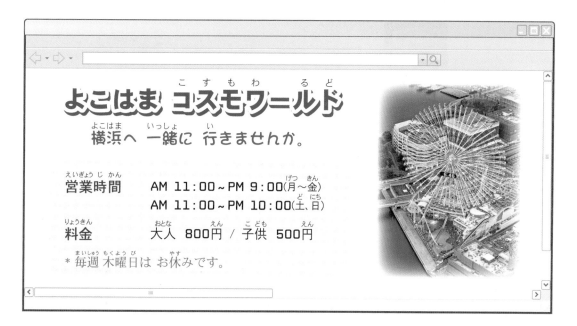

よこはま コスモワールド

横浜へ 一緒に 行きませんか。

営業時間　AM 11:00 ~ PM 9:00(月~金)
　　　　　AM 11:00 ~ PM 10:00(土、日)

料金　　　大人 800円 / 子供 500円

＊毎週 木曜日は お休みです。

1　다음 밑줄 친 곳에 들어갈 알맞은 말을 쓰세요.

よこはま コスモワールドの お休みは 毎週 _____ です。

2　다음 ❶~❸ 중에서 가장 적절한 것을 하나 고르세요.

❶ 月曜日だから コスモワールドは 休みです。

❷ 大人も 子供も 料金は 800円です。

❸ 週末は 午後 10時まで 営業します。

よこはま コスモワールド 요코하마 코스모월드(요코하마 주요 관광지) | 営業時間 영업시간 | 料金 요금
| 大人 어른 | 子供 어린이, 아이 | 毎週 매주 | 午後 오후

맛있는 한자 & 가타카나

▽ 다음 한자와 가타카나를 써 보세요.

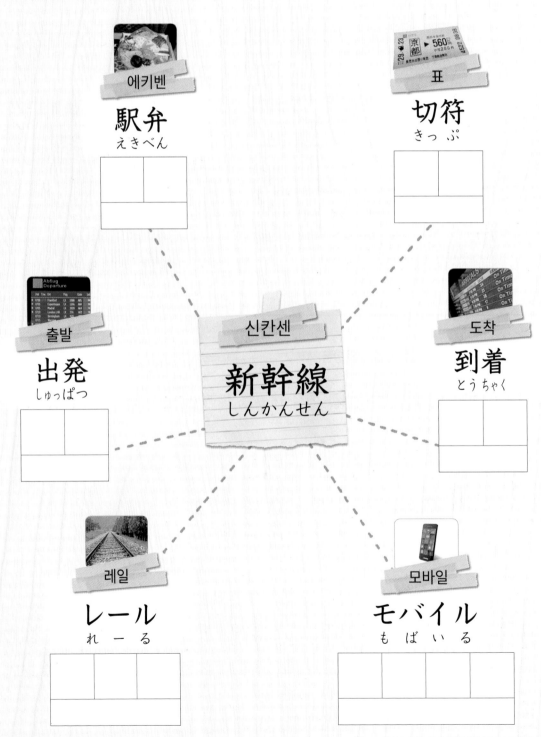

에키벤

駅弁
えきべん

표

切符
きっぷ

출발

出発
しゅっぱつ

신칸센

新幹線
しんかんせん

도착

到着
とうちゃく

레일

レール
れ　ー　る

모바일

モバイル
も　ば　い　る

어휘 다음 한자의 발음으로 올바른 것을 ❶~❸ 중에서 하나 고르세요.

1

卒業

❶ そつぎょう

❷ ぞつきょう

❸ そつきょう

2

入学

❶ にゅがく

❷ たいがく

❸ にゅうがく

3

駅弁

❶ えきべん

❷ べんとう

❸ えきとう

문법 다음 (1), (2)에 순서대로 들어갈 가장 알맞은 말을 ❶~❹ 중에서 하나 고르세요.

> 電車の 方が 速い(1)、 東横線(2) 乗ります。

❶ だから, に ❷ から, に ❸ だから, を ❹ から, を

청취 다음 대화를 듣고 내용에 맞는 사진을 ❶~❸ 중에서 하나 고르세요.

TRACK 04-05

❶

❷

❸

눈으로 맘껏즐기는 **일본 여행 & 문화**

요코하마, 미나토미라이21

요코하마(横浜)는 가나가와현(神奈川県)에 위치한 항구 도시로, 세계 최대 규모의 차이나타운을 비롯하여 아카렌가 창고(赤レンガ倉庫), 모토마치(元町) 거리, 코스모월드 등의 관광지가 있습니다. 특히 미나토미라이21(みなとみらい21)의 아름다운 야경과 매년 7월에 열리는 하나비마츠리(花火祭り)는 매우 유명합니다.

[교통]
도큐 도요코선에서 미나토미라이선으로 환승 후 미나토미라이역에 하차

한국과 다른 일본의 교통 문화는? 바로 이거!!

일본 여행 시 한국과 다른 일본의 운전석과 차선, 택시의 뒷문, 후불제 버스 등을 보며 당황하는 경우가 종종 있습니다. 한국과 어떤 점이 다른지 한번 살펴볼까요?

일본의 운전석은 한국과 달리, 왼편이 아닌 오른편에 있고, 일본의 차선 역시 한국과는 정반대이므로 여행 시 주의해야 합니다.

일본의 택시는 한국과 달리 뒷문이 자동문으로 되어 있으니 주의하세요.

일본의 후불제 버스는 뒷문으로 타면서 뒷문 옆의 발권기에서 정리권을 뽑아 그 숫자에 해당하는 요금을 앞문으로 내리면서 지불하면 됩니다.

05

かるいざわ　あそ　い
軽井沢へ 遊びに 行きたいです。

가루이자와에 놀러 가고 싶습니다.

이번 과의 여행지는?

주부

나가노, 가루이자와　ながの、かるいざわ 長野, 軽井沢

나가노는 동계 올림픽 개최 도시로, 겨울에는 스키를 즐기러 많은 관광객들이 찾는 곳입니다. 가루이자와는 고지대에 있어 여름철 피서지와 별장으로 유명합니다.

이번 과의 포인트는?

Study

「동작성 명사 + に 行く」와 「~たいです / ~たく ありません」에 대해 배우고 자신 있게 말할 수 있습니다.

Travel

도쿄 근교 여행지인 나가노현의 가루이자와에 대해 알 수 있습니다.

Culture

일본인의 겨울 생활에 대해 알 수 있습니다.

맛있는 회화

✳ 리나(りな)가 승준(スンジュン)에게 나가노 스키 여행에 대해 이야기하고 있습니다.

りな
イさん、今週末、長野へ スキーに 行く つもりですが、

一緒に 行きませんか。

スンジュン
本当ですか。私も スキーが 好きだから、

一緒に 行きたいです。

낱말과 표현

今週末 이번 주말 | 長野 나가노(도쿄 근교 여행지) | スキー 스키 | ～に 行く ~하러 가다 | つもり 생각, 예정 |
～ですが ~입니다만 | 一緒に 같이, 함께 | 行きませんか 가지 않겠습니까? | 本当 정말, 진짜 | 好きだから
좋아하니까 | 行きたいです 가고 싶습니다

TRACK 05-02

※ 승준(スンジュン)과 그레이스(グレース)가 여름휴가에 대해 이야기하고 있습니다.

グレース　今度の 夏休みは どこへ 行きますか。

スンジュン　私は 軽井沢へ 遊びに 行きたいです。

　　　　　　グレースさんは？

グレース　そうですね。私は どこへも 行きたく ありません。

　　　　　　ゆっくり 休みたいです。

「軽井沢」는 나가노 현에 있는 고원 피서 지로, 백조의 호수라 불리는 '구모바이케' 가 유명합니다.

今度 이번, 다음 번 | 夏休み 여름휴가 | 軽井沢 가루이자와(나가노현 관광지) | 遊びに 行きたいです 놀러 가고 싶습니다 | そうですね 글쎄요 | どこへも 아무데도 | 行きたく ありません 가고 싶지 않습니다 | ゆっくり 푹, 느긋하게 | 休みたいです 쉬고 싶습니다

1 동작성 명사 + に 行く

~하러 가다

・今週末、長野へ スキーに 行く つもりです。

・来週の 月曜日に 大阪へ 出張に 行きます。

・昨日、先輩と 上野へ 花見に 行きました。

2 동사 ます형의 활용 (2)

~ます	~합니다	会います	만납니다
~に 行く	~하러 가다	会いに 行く	만나러 가다
~たいです	~하고 싶습니다	会いたいです	만나고 싶습니다
~たく ありません	~하고 싶지 않습니다	会いたく ありません	만나고 싶지 않습니다

今週末 이번 주말 | スキー 스키 | 来週 다음 주 | 出張 출장 | 先輩 선배 | 上野 우에노(도쿄 관광지) | 花見 꽃구경

③ 동사 ます형 + に 行く　　　　　　　　　　~하러 가다

· 図書館へ 本を 借りに 行きました。[借りる]

· 一緒に 映画を 見に 行きませんか。[見る]

· コーヒーを 飲みに 行きましょうか。[飲む]

④ 동사 ます형 + たいです　　　　　　　　　~하고 싶습니다

· 軽井沢へ 遊びに 行きたいです。[行く]

· 家に 帰りたいです。[帰る]

· ケーキが 食べたいです。[食べる]

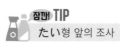
잠깐! TIP
たい형 앞의 조사

희망을 뜻하는 たい형 앞에 오는 '을/를'에 해당하는
조사는 기본적으로 「を」 대신 「が」를 씁니다.
★ コーヒーが 飲みたいです。
커피를 마시고 싶습니다.

図書館 도서관 | 借りる 빌리다 | 一緒に 같이, 함께 | 飲む 마시다 | 遊ぶ 놀다 | 帰る 돌아가(오)다

5 동사 ます형 + **たく ありません** ~하고 싶지 않습니다

- 私は どこへも 行きたく ありません。[行く]

- 今は 何も 食べたく ありません。[食べる]

- 今日は 料理したく ありません。[する]

잠깐! TIP
유사 표현

★ ～たく ありません ＝ ～たく ないです ~하고 싶지 않습니다

예 飲みたく ありません。＝ 飲みたく ないです。
마시고 싶지 않습니다.

★ どこへも ＝ どこにも 아무데도, 어디에도

예 どこへも 行きたく ありません。＝ どこにも 行きたく ありません。
아무데도 가고 싶지 않습니다.

どこへも 아무데도 | 今 지금 | 何も 아무것도 | 食べる 먹다 | 料理 요리

76

🍴 趣味 취미

A 　趣味は 何ですか。　　취미는 무엇입니까?
　　<small>しゅみ</small>　<small>なん</small>

B1 　読書です。　　독서입니다.
　　<small>どくしょ</small>

B2 　本を 読む ことです。　　책을 읽는 것(책 읽기)입니다.
　　<small>ほん</small>　<small>よ</small>

旅行　　　　　　　読書　　　　　　　料理
<small>りょこう</small>　　　<small>どくしょ</small>　　　<small>りょうり</small>

運動　　　　　　　スキー　　　　　　スノーボード
<small>うんどう</small>　　　<small>すき</small>　　　<small>すのぼど</small>

映画を 見る こと　　音楽を 聞く こと　　写真を 撮る こと
<small>えいが</small>　<small>み</small>　　<small>おんがく</small>　<small>き</small>　　<small>しゃしん</small>　<small>と</small>

잠깐! TIP

'스키(스노보드)를 타다'의 일본어 표현

'스키(스노보드)를 타다'를 일본어로 표현할 때는 「乗る」를 쓰지 않고 「する」를 사용합니다.
　　　　　　　　　　　　　　　　<small>の</small>

★ スキーを する(O)　스키를 타다　　★ スノーボードを する(O)　스노보드를 타다
　<small>すき</small>　　　　　　　　　　<small>すの ぼ ど</small>

　スキーに 乗る(X)　　　　　　　　　スノーボードに 乗る(X)
　<small>すき</small>　<small>の</small>　　　　　　<small>すの ぼ ど</small>　<small>の</small>

旅行 여행 | 読書 독서 | 料理 요리 | 運動 운동 | スキー 스키 | スノーボード 스노보드 | 映画を 見る
<small>りょこう</small>　<small>どくしょ</small>　<small>りょうり</small>　<small>うんどう</small>　<small>すき</small>　<small>すの ぼ ど</small>　<small>えいが</small>　<small>み</small>
こと 영화 보기 | 音楽を 聞く こと 음악 듣기 | 写真を 撮る こと 사진 찍기
　　　　　　<small>おんがく</small>　<small>き</small>　　　　　　<small>しゃしん</small>　<small>と</small>

TRACK 05-03

▽ 다음 문장을 따라 말해 보세요.

1 🎤 ⬜⬜⬜

a 私は 公園へ 散歩に 行きます。

저는 공원에 산책(하러) 갑니다.

b 日本へ 遊びに 行きたいです。

일본에 놀러 가고 싶습니다.

2 🎤 ⬜⬜⬜

a 私は お茶が 飲みたいです。

저는 차를 마시고 싶습니다.

b 休みだから、私は 映画が 見たいです。

휴일이니까, 저는 영화를 보고 싶습니다.

3 🎤 ⬜⬜⬜

a イさんは どこへ 行きたいですか。

이 씨는 어디에 가고 싶습니까?

→ 私は 海へ 行きたいです。

→ 저는 바다에 가고 싶습니다.

→ 私は どこへも 行きたく ありません。

→ 저는 아무데도 가고 싶지 않습니다.

4 🎤 ⬜⬜⬜

a 趣味は 何ですか。

취미는 무엇입니까?

→ 音楽を 聞く ことです。

→ 음악을 듣는 것입니다.

▽ 다음 그림을 보고 와 같이 말해 보세요.

何が 食べたい,
焼肉

A 何が 食べたいですか。

B1 私は 焼肉が 食べたいです。

B2 私は 何も 食べたく ありません。

1

何が 買いたい,
スカート

2

何が 見たい,
この 映画

3

何が 飲みたい,
コーヒー

4

何が したい,
旅行

焼肉 야키니쿠(일본식 불고기) | 何も 아무것도 | 買う 사다 | スカート 스커트, 치마 | 飲む 마시다 | 旅行
여행

▽ 다음은 취미에 대한 내용입니다. **예**와 같이 자유롭게 대화해 보세요.

ドライブを する
軽井沢・ドライブ

写真を 撮る
雲場池・写真

スノボを する
長野・スノボ

映画を 見る
映画館・映画

예

A 趣味は 何ですか。

B ドライブを する ことです。 明日も 軽井沢へ 行きます。

A 私も ドライブが 好きだから、今度は 一緒に 行きましょう。

B いいですね。

ドライブ 드라이브 | 写真 사진 | 撮る 찍다 | 雲場池 구모바이케(가루이자와에 있는 유명한 연못) | スノボ 스노보드(スノーボード의 줄임말) | 映画館 영화관 | 好きだ 좋아하다 | ～から ~(이)니까, ~(이)기 때문에 | 今度 이번, 다음 번

▽ 다음은 나가노 스키장 아르바이트 모집 공고입니다. 내용을 읽고 답해 보세요.

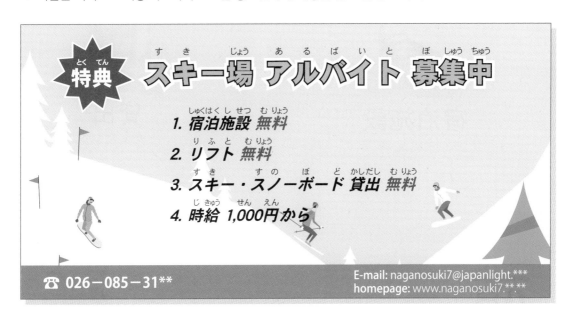

1 다음 밑줄 친 곳에 들어갈 알맞은 말을 쓰세요.

今 長野スキー場では ＿＿＿＿＿＿＿＿を 募集中です。

2 다음 ❶～❸ 중에서 가장 적절한 것을 하나 고르세요.

❶ ここで バイトする 人は リフトは 無料じゃ ありません。

❷ ここで バイトする 人は スキーの 貸出が 無料です。

❸ 今週末、私は スキー場へ バイトに 行きます。

特典 특전 | スキー場 스키장 | アルバイト 아르바이트 | 募集中 모집 중 | 宿泊施設 숙박시설 | 無料 무료
| リフト 리프트 | 貸出 대여, 렌탈 | 時給 시급 | バイトする 아르바이트하다

맛있는 한자 & 가타카나

▽ 다음 한자와 가타카나를 써 보세요.

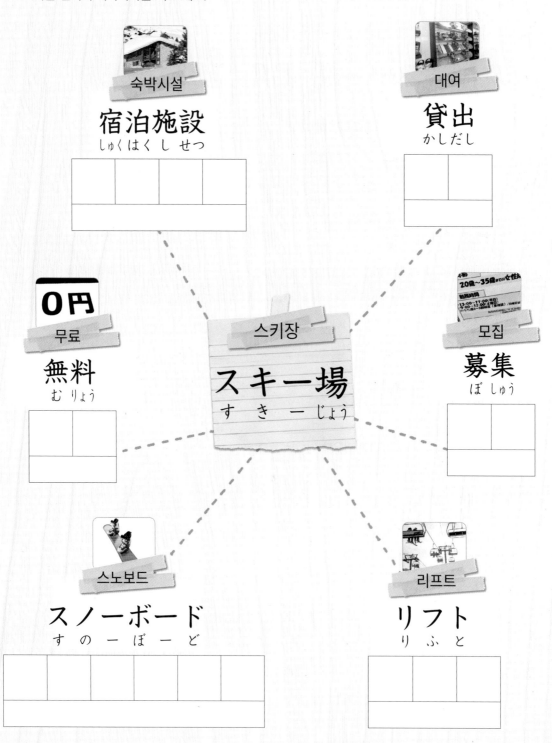

숙박시설

宿泊施設
しゅく はく し せつ

대여

貸出
かしだし

무료

無料
む りょう

스키장

スキー場
すき ー じょう

모집

募集
ぼ しゅう

스노보드

スノーボード
す の ー ぼ ー ど

리프트

リフト
り ふ と

82

어휘 다음 한자의 발음으로 올바른 것을 ❶~❸ 중에서 하나 고르세요.

1

読書

❶ とくしょう

❷ どくしょ

❸ とくしょ

2

無料

❶ むりょ

❷ むうりょう

❸ むりょう

3

出張

❶ しゅうちょう

❷ しゅっちょう

❸ しゅっじょう

문법 다음 (1), (2)에 순서대로 들어갈 가장 알맞은 말을 ❶~❹ 중에서 하나 고르세요.

> 友達と 一緒(1) 海へ 遊び(2) 行きたいです。

❶ を, に　　　❷ で, を　　　❸ に, に　　　❹ に, へ

TRACK 05-05

청취 다음 대화를 듣고 내용에 맞는 사진을 ❶~❸ 중에서 하나 고르세요.

❶

❷

❸

눈으로 맘껏즐기는 **일본 여행 & 문화**

나가노, 가루이자와

나가노현(長野県)은 일본 혼슈 중앙부에 있는 현으로 겨울에는 스키를 즐기러 나가노 스키장에, 여름에는 이국적인 분위기의 별장과 자연 속에서 산책을 즐길 수 있는 가루이자와(軽井沢)에 관광객들이 많이 찾아옵니다. 특히 가루이자와의 3대 명소 중 하나인 구모바이케(雲場池)는 산책로로 유명한 호수입니다.

[교통]
도쿄역에서 나가노까지 신칸센으로 이동,
나가노는 약 1시간 40분, 가루이자와는 약 1시간 소요

일본인의 겨울 생활을 알고 싶다면? 바로 이거!!

일본에서 겨울의 시작을 알리는 고타츠, 눈이 많이 쌓여 있는 풍경 속 갓쇼즈쿠리, 눈으로 만든 집 가마쿠라는 어떤 것인지 한번 살펴볼까요?

고타츠(炬燵)는 안쪽에 전기 히터가 있고 탁자 다리 부분 위에 이불을 덮고 그 위에 상판을 얹어 사용하는 일본식 난방기구입니다.

가마쿠라(かまくら)는 부뚜막 형태를 띤 직경 3.5m, 높이 3m 정도의 눈집으로, 그 안에서 화로를 둘러싸고 앉아 떡이나 고구마 등을 구워 먹습니다.

갓쇼즈쿠리(合掌造り)는 지붕 모양이 손을 합장하는 듯한 급경사로 되어 있어 눈이 많이 와도 쌓이지 않고 빨리 녹을 수 있는 일본의 건축양식입니다.

06

<ruby>コ<rt>こ</rt></ruby>ーヒーを <ruby>飲<rt>の</rt></ruby>みながら <ruby>休<rt>やす</rt></ruby>みましょうか。

커피를 마시면서 쉴까요?

이번 과의 여행지는?

주부

가나자와, 가나자와성 <ruby>金沢<rt>かなざわ</rt></ruby>, <ruby>金沢城<rt>かなざわじょう</rt></ruby>

가나자와는 일본 소도시의 매력을 느낄 수 있는 곳으로 금박으로 만든 상품들이 특징입니다. 가나자와성은 입구인 이시카와몬이 국가 지정 중요 문화재로 유명합니다.

이번 과의 포인트는?

Study

「~に 되る / ~く 되る」에 대해 배우고 「ます형 + 方・やすい(にくい)・ながら」를 활용하여 자신 있게 말할 수 있습니다.

Travel

가나자와 여행에 대한 정보와 주요 관광지에 대해 알 수 있습니다.

Culture

일본의 대표적인 성에 대해 알 수 있습니다.

※ 가나자와성을 본 후에 폴(ポール)과 리나(りな)는 커피를 마시러 가고 있습니다.

ポール　まだ 6月ですが、だいぶ 暑く なりましたね。

　　　　あそこで コーヒーを 飲みながら 休みましょうか。

りな　　あ、あの お店は インスタで 見ました。

　　　　金箔アイスクリームで 有名に なりましたね。

「金箔アイスクリーム」
는 금 공예품이 유명
한 가나자와의 아이
스크림으로, 아이스
크림 위에 금박이 올
려져 있습니다.

🥢 낱말과 표현

まだ 아직 | だいぶ 꽤, 제법 | 暑く なりました 더워졌습니다 | 飲みながら 마시면서 | 休みましょうか
쉴까요? | お店 가게 | インスタ 인스타그램(インスタグラム의 줄임말) | 金箔 금박 | アイスクリーム
아이스크림 | 有名に なりました 유명해졌습니다

TRACK 06-02

※ 가나자와의 카메라 매장에서 리나(りな)와 승준(スンジュン)이 카메라를 고르고 있습니다.

りな　妹が 来年 大学生に なるので、カメラを プレゼント

したいんですが、選びにくいですね。

スンジュン　種類が 多いですからね。

何よりも 使い方が 簡単なのが いいでしょう。

낱말과 표현

妹 여동생 | 来年 내년 | 大学生に なる 대학생이 되다 | ～ので ~(이)기 때문에 | カメラ 카메라 | プレゼント
선물 | したいんです 하고 싶은데요(したいです의 회화체 표현) | 選びにくい 고르기 어렵다 | 種類 종류 | 多い
많다 | ～から ~(이)니까 | 何よりも 무엇보다도 | 使い方 사용법 | 簡単なの 간단한 것 | ～でしょう ~(이)겠죠

1 ～に なる / ～く なる

~이/가 되다 / ~(하)게 되다

종류	접속 방법	예
명사	명사 + に なる	<ruby>大学生<rt>だいがくせい</rt></ruby>に なる 대학생이 되다
な형용사	～<del>だ</del>+ に なる	<ruby>有名<rt>ゆうめい</rt></ruby>に なる 유명해지다
い형용사	～<del>い</del>+ く なる	<ruby>暑<rt>あつ</rt></ruby>く なる 더워지다

・<ruby>暖<rt>あたた</rt></ruby>かい <ruby>春<rt>はる</rt></ruby>に なりました。[<ruby>春<rt>はる</rt></ruby>]

・<ruby>前<rt>まえ</rt></ruby>より <ruby>漢字<rt>かんじ</rt></ruby>の <ruby>勉強<rt>べんきょう</rt></ruby>が <ruby>楽<rt>らく</rt></ruby>に なりました。[<ruby>楽<rt>らく</rt></ruby>だ]

・<ruby>暗記<rt>あんき</rt></ruby>する <ruby>文章<rt>ぶんしょう</rt></ruby>が <ruby>多<rt>おお</rt></ruby>く なりましたね。[<ruby>多<rt>おお</rt></ruby>い]

・<ruby>体<rt>からだ</rt></ruby>の <ruby>調子<rt>ちょうし</rt></ruby>が よく なりました。[いい]

<ruby>暖<rt>あたた</rt></ruby>かい 따뜻하다 | <ruby>春<rt>はる</rt></ruby> 봄 | <ruby>前<rt>まえ</rt></ruby>より 전보다 | <ruby>漢字<rt>かんじ</rt></ruby> 한자 | <ruby>勉強<rt>べんきょう</rt></ruby> 공부 | <ruby>楽<rt>らく</rt></ruby>だ 편하다 | <ruby>暗記<rt>あんき</rt></ruby> 암기 | <ruby>文章<rt>ぶんしょう</rt></ruby> 문장 | <ruby>多<rt>おお</rt></ruby>い 많다 | <ruby>体<rt>からだ</rt></ruby> 몸 | <ruby>調子<rt>ちょうし</rt></ruby> 상태, 컨디션

② 동사 ます형의 활용 (3)

~ます	~합니다	読^よみます	읽습니다
~ながら	~하면서	読みながら	읽으면서
~やすい	~하기 쉽다	読みやすい	읽기 쉽다
~にくい	~하기 어렵다	読みにくい	읽기 어렵다
~方^{かた}	~하는 법	読み方	읽는 법

③ 동사 ます형 + **ながら**　　　　　　　~하면서

・あそこで コーヒーを 飲みながら 休みましょうか。[飲む]

・音楽を 聞きながら 雑誌を 読みます。[聞く]

・楽器を 弾きながら 歌を 歌いましょう。[弾く]

飲む 마시다 | 休む 쉬다 | 音楽 음악 | 聞く 듣다 | 雑誌 잡지 | 楽器 악기 | 弾く (악기를) 치다, 연주하다 |
歌 노래 | 歌う 노래 부르다

4 동사 ます형 + **やすい / にくい**　　　　　　~하기 쉽다 / ~하기 어렵다

- プレゼントしたいんですが、選びにくいですね。[選ぶ]

- 吉田先生の 説明は わかりやすいです。[わかる]

- この ペンは 書きにくいです。[書く]

5 동사 ます형 + **方**　　　　　　~하는 법

- 何よりも 使い方が 簡単なのが いいでしょう。[使う]

- この 漢字は 読み方が 難しいですね。[読む]

- この 料理は 作り方が とても 簡単です。[作る]

プレゼント 선물 | ～たい ~하고 싶다 | 選ぶ 고르다 | 説明 설명 | わかる 알다, 이해하다 | 書く 쓰다 | 何よりも 무엇보다도 | 使い方 사용법 | 簡単だ 간단하다 | ～でしょう ~(이)겠죠 | 漢字 한자 | 読み方 읽는 법 | 難しい 어렵다 | 作り方 만드는 법

⑥ ～(な)ので

~(이)라서, ~(이)므로, ~(이)기 때문에

종류	접속 방법	예
명사	명사 + なので	誕生日(たんじょうび)なので 생일이기 때문에
な형용사	~だ + なので	有名(ゆうめい)なので 유명하기 때문에
い형용사	~い + ので	暑(あつ)いので 덥기 때문에
동사	기본형 + ので	散歩(さんぽ)するので 산책하기 때문에

· 今日(きょう)は 休(やす)みなので、会社(かいしゃ)へ 行(い)きません。[休み]

· この 店(みせ)は うどんが 有名(ゆうめい)なので、人(ひと)が 多(おお)いです。[有名だ]

· ここは パン(ぱん)が おいしいので、おすすめです。[おいしい]

· 明日(あした)は テスト(てすと)が あるので、勉強(べんきょう)を します。[ある]

休(やす)み 휴일 | 会社(かいしゃ) 회사 | 有名(ゆうめい)だ 유명하다 | パン(ぱん) 빵 | おすすめ 추천 | テスト(てすと) 테스트, 시험 | 勉強(べんきょう) 공부

06 コーヒー(こひ)を 飲(の)みながら 休(やす)みましょうか。 | **91**

▽ 다음 문장을 따라 말해 보세요.

1 🎤 ▢▢▢

a 最近 だいぶ 寒く なりましたね。

요즘 꽤 추워졌네요.

b 交通が 便利に なりました。

교통이 편리해졌습니다.

2 🎤 ▢▢▢

a コーヒーを 飲みながら 休みましょうか。

커피를 마시면서 쉴까요?

b 音楽を 聞きながら 本を 読みます。

음악을 들으면서 책을 읽습니다.

3 🎤 ▢▢▢

a 先生の 説明は わかりやすいです。

선생님의 설명은 이해하기 쉽습니다.

b この 漢字は 読み方が 難しいですね。

이 한자는 읽는 법이 어렵네요.

4 🎤 ▢▢▢

a 今日は 休みなので、学校へ 行きません。

오늘은 휴일이어서, 학교에 가지 않습니다.

b ここは パンが おいしいので、おすすめです。

여기는 빵이 맛있어서 추천합니다.

맛있는 응용 연습

▽ 다음 그림을 보고 와 같이 말해 보세요.

예

<small>さむ　ふゆ　すき</small>
寒い, 冬, スキー

A 最近 寒く なりましたね。

B はい。だいぶ 寒く なりました。

私は 冬が 好きなので、よく スキーに

行きます。

1

<small>あたた　はる　はな み</small>
暖かい, 春, 花見

2

<small>あつ　なつ　うみ　あそ</small>
暑い, 夏, 海へ 遊ぶ

3

<small>すず　あき　さん ぽ</small>
涼しい, 秋, 散歩

4

<small>ゆうめい　か ふ ぇ</small>
有名だ, カフェ,

<small>こ ひ　の</small>
コーヒーを 飲む

寒い 춥다 | 冬 겨울 | 最近 최근 | だいぶ 꽤, 제법 | 暖かい 따뜻하다 | 春 봄 | 花見 꽃구경 | 暑い 덥다 |
夏 여름 | 遊ぶ 놀다 | 涼しい 서늘하다, 시원하다 | 秋 가을 | 散歩 산책 | カフェ 카페

맛있는 회화 연습

TRACK 06-04

▽ 다음은 두 사람의 일상 대화입니다. 예와 같이 자유롭게 대화해 보세요.

寒(さむ)い
コーヒーを 飲(の)む
休(やす)む

暑(あつ)い
アイスクリームを 食(た)べる
待(ま)つ

涼(すず)しい
音楽(おんがく)を 聞(き)く
散歩(さんぽ)する

暖(あた)かい
花見(はなみ)を する
写真(しゃしん)を 撮(と)る

예

A 昨日(きのう)より 寒(さむ)く なりましたね。

B そうですね。

あそこで コーヒーを 飲(の)みながら 休(やす)みましょうか。

A いいですね。そう しましょう。

寒(さむ)い 춥다 | 暑(あつ)い 덥다 | アイスクリーム 아이스크림 | 食(た)べる 먹다 | 待(ま)つ 기다리다 | 涼(すず)しい 시원하다, 서늘하다 | 音楽(おんがく) 음악 | 聞(き)く 듣다 | 散歩(さんぽ)する 산책하다 | 暖(あた)かい 따뜻하다 | 花見(はなみ) 꽃구경

▽ 다음은 대학 내 언어 교환 안내문입니다. 내용을 읽고 답해 보세요.

Language Exchange

★ ランゲージ・エクスチェンジ ★

もっと 会話が 上手に なりたいですか。
日本語を 勉強しながら 友達を 作りませんか。
毎週 水曜日 / 土曜日 ➡ PM 07：00〜9：00

9月には スピーチコンテストが あります。

K大学 ☎ 03 – 6914 – ＊＊＊＊

1 다음 밑줄 친 곳에 들어갈 알맞은 말을 쓰세요.

　　勉強は 毎週 ＿＿＿＿＿＿と ＿＿＿＿＿＿に します。

2 다음 ❶〜❸ 중에서 가장 적절한 것을 하나 고르세요.

❶ ランゲージ・エクスチェンジは 毎日 あります。

❷ スピーチコンテストの 文章は わかりやすいです。

❸ 勉強は 午後 7時から 9時までです。

━━━

ランゲージ・エクスチェンジ(language exchange) 언어 교환 | もっと 좀 더 | 会話 회화 | 上手に なる
능숙해지다 | 作る 만들다 | 毎週 매주 | スピーチ 스피치 | コンテスト 콘테스트 | 毎日 매일 | 文章 문장

맛있는 한자 & 가타카나

▽ 다음 한자와 가타카나를 써 보세요.

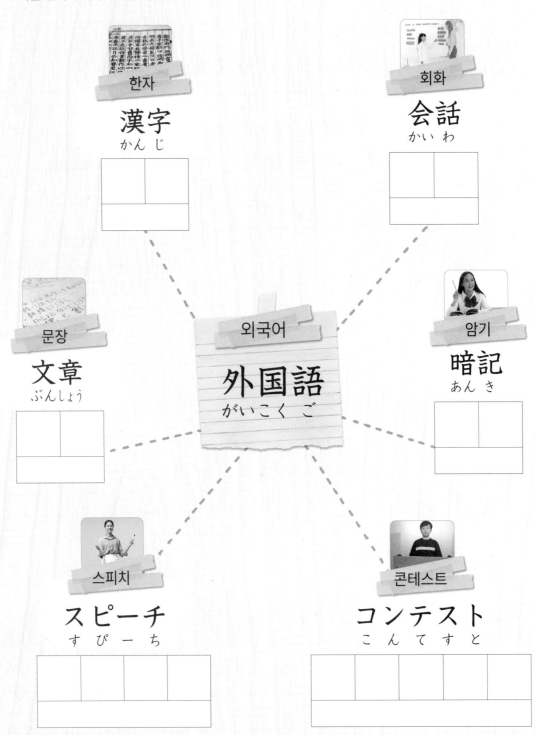

한자
漢字
かんじ

회화
会話
かいわ

문장
文章
ぶんしょう

외국어
外国語
がいこくご

암기
暗記
あんき

스피치
スピーチ
すぴーち

콘테스트
コンテスト
こんてすと

맛있는 확인 문제

어휘 다음 한자의 발음으로 올바른 것을 ❶～❸ 중에서 하나 고르세요.

1

漢字

❶ かんじ

❷ かんき

❸ がんじ

2

音楽

❶ おんかく

❷ のんがく

❸ おんがく

3

会話

❶ かいしゃ

❷ かいわ

❸ でんわ

문법 다음 (1), (2)에 순서대로 들어갈 가장 알맞은 말을 ❶～❹ 중에서 하나 고르세요.

あそこ(1) コーヒーを (2)ながら 休みましょうか。

❶ で, 飲み   ❷ に, 飲む   ❸ で, 飲む   ❹ に, 飲みます

청취 다음 대화를 듣고 내용에 맞는 사진을 ❶～❸ 중에서 하나 고르세요.

TRACK 06-05

❶

❷

❸

눈으로 맘껏즐기는 **일본 여행 & 문화**

가나자와, 가나자와성

 가나자와(金沢)는 일본 소도시의 매력을 그대로 느낄 수 있는 곳으로 오랜 역사를 자랑하는 야마시로 온천(山代温泉), 일본의 3대 정원인 겐로쿠엔(兼六園), 가나자와성(金沢城), 히가시차야 거리(東茶屋街) 등이 유명합니다. 특히 금박 아이스크림을 비롯한 금박으로 만든 상품들이 특징입니다.

[교통]
고마츠 공항에서 가나자와역까지 버스로 약 40분 소요

일본의 대표적인 성이 궁금하다면? 바로 여기!!

오랜 역사와 문화가 깃들어 있는 일본의 대표적인 성들 중에서 가나자와성, 오사카성, 히메지성에 대해 한번 살펴볼까요?

가나자와성(金沢城)은 일본 이시카와현 가나자와시에 있는 성으로 입구인 이시카와몬(石川門)은 국가 지정 중요 문화재입니다.

오사카성(大阪城)은 16세기에 도요토미 히데요시(豊臣秀吉)가 일본 통일을 달성한 후 지은 오사카를 상징하는 성입니다.

히메지성(姬路城)은 일본 효고현 히메지시에 있는 성으로 17세기 초 일본 성곽 건축을 대표하는 목조 건축물입니다.

富士山の 写真を 撮って います。

후지산 사진을 찍고 있습니다.

이번 과의 여행지는?

주부

시즈오카, 후지산 静岡, 富士山

시즈오카는 차와 와사비 등의 특산물로 유명하며 후지산이 인접해 있습니다. 해발 3,776m의 후지산은 일본의 상징으로 신성시되며 여름에 수천 명의 일본인이 등산을 합니다.

이번 과의 포인트는?

Study

동사의 て형에 대해 배우고 「〜て います / 〜て くだ さい / 〜て いるんですが」 를 활용하여 자신 있게 말할 수 있습니다.

Travel

시즈오카 여행에 대한 정보와 후지산에 대해 알 수 있습니다.

Culture

일본의 다도 문화에 대해 알 수 있습니다.

❈ 시즈오카의 시라이토노타키 근처에서 세영(セヨン)이 행인(通行人)에게 길을 묻고 있습니다.

セヨン ちょっと すみません。
道を 探して いるんですが、白糸の滝は どこですか。

通行人 この 道を まっすぐ 行って 右に 曲がって ください。

セヨン ありがとうございます。

> 「白糸の滝」는 후지산의 눈이 녹은 물이 용암단층에서 솟아올라 폭포가 된 것으로, 비단실을 늘어뜨린 것 같다고 해서 '하얀 실(白糸)'이라는 이름이 붙여졌습니다.

ちょっと 좀, 잠깐 | 道 길 | 探して いるんですが 찾고 있는데요 | 白糸の滝 시라이토노타키(시즈오카에 있는 유명한 폭포) | まっすぐ 곧장, 쭉 | 行って 가서 | 右 오른쪽 | 曲がって ください 돌아 주세요, 도세요

TRACK 07-02

※ 후지산 근처에서 사토시(さとし)와 세영(セヨン)이 이야기하고 있습니다.

さとし　キムさん、今 何を して いますか。

セヨン　富士山の 写真を 撮って います。

さとし　それなら、こっちに 来て ください。

　　　　富士山が もっと よく 見えますよ。

낱말과 표현

今 지금 | 富士山 후지산 | 写真 사진 | 撮って います 찍고 있습니다 | それなら 그렇다면, 그러면 | こっち 이쪽 | 来て ください 와 주세요, 오세요 | もっと 좀 더 | よく 잘 | 見えます 보입니다

맛있는 문법

1 동사 て형의 활용 (1)

분류	기본형		て형의 활용 방법	～て ~하고, ~해서
1그룹 동사	会う	만나다	う・つ・る → って	会って
	待つ	기다리다		待って
	乗る	타다		乗って
	★帰る	돌아가(오)다		帰って
	死ぬ	죽다	ぬ・む・ぶ → んで	死んで
	飲む	마시다		飲んで
	遊ぶ	놀다		遊んで
	聞く	듣다	く → いて	聞いて
	泳ぐ	헤엄치다	ぐ → いで	泳いで
	話す	이야기하다	す → して	話して
	★行く	가다	行く → 行って	行って
2그룹 동사	見る	보다	る + て	見て
	起きる	일어나다		起きて
	食べる	먹다		食べて
	寝る	자다		寝て
	教える	가르치다		教えて
	覚える	외우다		覚えて
3그룹 동사	来る	오다	필수 암기	来て
	する	하다		して

2 ～て います
~하고 있습니다

· 富士山の 写真を 撮って います。[撮る]

· 友達に 会って コーヒーを 飲んで います。[飲む]

· 7時に 起きて 朝ご飯を 食べて います。[食べる]

3 ～て ください
~해 주세요

· この 道を まっすぐ 行って ください。[行く]

· 左に 曲がって ください。[曲がる]

· 7時に 電話して ください。[電話する]

写真 사진 | 撮る 찍다 | ～に 会う ~을/를 만나다 | 朝ご飯 아침밥 | 道 길 | まっすぐ 곧장, 쭉 | 左 왼쪽 |
曲がる 돌다 | 電話する 전화하다

4 〜て いるんですが   ~하고 있는데요

・あの、道を 探して いるんですが。[探す]

・今、会社で 仕事を して いるんですが。[する]

・今、セミナーを して いるんですが。[する]

잠깐 TIP

회화체 표현 「〜んです」

「〜んです」는 '〜(이)에요, 〜(이)거든요'라는 뜻으로, 이유나 설명 등을 나타내는 회화체 표현입니다.

★見て います。보고 있습니다.

★見て いるんです。보고 있는데요(있거든요).

5 〜が 見える   ~이/가 보이다

・きれいな 庭が 見えます。

・今日は 富士山が よく 見えません。

・あそこの スーパーが 見えますか。

道 길 | 探す 찾다 | 仕事 일 | セミナー 세미나 | きれいだ 예쁘다, 깨끗하다 | 庭 정원, 마당 | 富士山 후지산 | よく 잘 | あそこ 저기 | スーパー 슈퍼

▽ 다음 밑줄 친 동사를 て형으로 바꿔서 히라가나로 써 보세요.

1 7時に 起きる → 2 朝ご飯を 食べる
  (   )   (   )

3 学校へ 行く → 4 勉強を する
  (   )   (   )

5 友達に 会う → 6 家へ 帰る ➡ 10時に
  (   )   (   )   寝ました。

정답

4して 5あって 6かえって
1おきて 2たべて 3いって

▽ 다음 문장을 따라 말해 보세요.

1 🎤 ▢▢▢

a 左に 曲がって ください。

왼쪽으로 돌아 주세요.

b 日本語で 話して ください。

일본어로 이야기해 주세요.

2 🎤 ▢▢▢

a 写真を 撮って います。

사진을 찍고 있습니다.

b 音楽を 聞いて います。

음악을 듣고 있습니다.

c ビジネス会話を 勉強して います。

비즈니스 회화를 공부하고 있습니다.

3 🎤 ▢▢▢

a 友達に 会って お茶を 飲んで います。

친구를 만나서 차를 마시고 있습니다.

b 家へ 帰って 寝て います。

집에 돌아와서 자고 있습니다.

4 🎤 ▢▢▢

a あそこに コンビニが 見えます。

저기에 편의점이 보입니다.

b きれいな 庭が 見えます。

예쁜 정원이 보입니다.

맛있는 응용 연습

▽ 다음 그림을 보고 **예**와 같이 말해 보세요.

예

試験が ある,

日本語を 勉強する

A 今 何を して いますか。

B 明日、試験が あるので、

日本語を 勉強して います。

A そうですか。がんばって ください。

1

友達の 誕生日,

ケーキを 作る

2

サッカーの 試合が ある,

練習を する

3

会議,

残業を する

4

友達が 遊びに 来る,

部屋を 片付ける

試験 시험 | がんばって ください 열심히 하세요 | 作る 만들다 | サッカー 축구 | 試合 시합 | 練習 연습
| 会議 회의 | 残業 야근, 잔업 | 片付ける 정리하다

▽ 다음은 시즈오카 아웃렛 안에서 위치를 묻는 대화입니다. 예와 같이 자유롭게 대화해 보세요.

예

손님 すみません。靴売り場を 探して いるんですが。

직원 ここを まっすぐ 行って 右に 曲がって ください。

かばん売り場の となりに あります。

손님 ありがとうございます。

☑ Check 前 앞, 後ろ 뒤, 左 왼쪽

売り場 매장 | 探す 찾다 | まっすぐ 곧장, 쭉 | 右 오른쪽 | 曲がる 돌다 | となり 옆, 이웃 | エレベーター 엘리베이터

맛있는 독해 연습

▽ 다음은 아오야마 씨가 크리스 씨에게 보내는 문자 메시지입니다. 내용을 읽고 답해 보세요.

お元気ですか。

私は 今、友達と 静岡に います。

今、富士山の 近くで お茶を 飲んで います。

静岡は お茶と わさびで 有名です。

私は ここに 20日まで いる 予定なので、

クリスさんも ぜひ 遊びに 来て ください。

1 다음 밑줄 친 곳에 들어갈 알맞은 말을 쓰세요.

青山さんは 友達と ＿＿＿＿＿＿＿＿＿を 旅行して います。

2 다음 ❶~❸ 중에서 가장 적절한 것을 하나 고르세요.

❶ 青山さんは 今、東京から 静岡に 出発します。

❷ 静岡の お茶と わさびは とても 有名です。

❸ クリスさんは 静岡で 青山さんを 待って います。

お元気ですか 잘 지내세요? | 今 지금 | 近く 근처 | お茶 차 | わさび 와사비(일본식 고추냉이) | 有名だ
유명하다 | 予定 예정 | ～なので ~(이)기 때문에 | ぜひ 꼭 | 遊びに 来る 놀러 오다 | 出発 출발

맛있는 한자 & 가타카나

▽ 다음 한자와 가타카나를 써 보세요.

일, 직업
仕事
し ご と

회의
会議
かい ぎ

야근
残業
ざんぎょう

회사
会社
かいしゃ

출장
出張
しゅっちょう

세미나
セミナー
せ み な ー

비즈니스
ビジネス
び じ ね す

맛있는 확인 문제

어휘 다음 한자의 발음으로 올바른 것을 ❶~❸ 중에서 하나 고르세요.

1
道
❶ みじ
❷ みち
❸ いち

2
試合
❶ しあい
❷ しはい
❸ きあい

3
残業
❶ さんぎょう
❷ じゅぎょう
❸ ざんぎょう

문법 다음 (1), (2)에 순서대로 들어갈 가장 알맞은 말을 ❶~❹ 중에서 하나 고르세요.

今、友達に (1) お茶を (2) います。

❶ 会うって, 飲んて
❷ 会って, 飲みんで
❸ 会って, 飲んで
❹ 会いて, 飲って

TRACK 07-05

청취 다음 대화를 듣고 내용에 맞는 사진을 ❶~❸ 중에서 하나 고르세요.

❶

❷

❸

눈으로 맘껏즐기는 **일본 여행 & 문화**

시즈오카, 후지산

시즈오카(静岡)는 일본 혼슈 시즈오카현에 위치한 곳으로 차, 와사비, 밀감 등의 특산물이 유명하며 후지산(富士山)이 인접해 있습니다. 날씨에 따라 후지산의 다른 모습을 볼 수 있는데, 후지노미야(富士宮)에 있는 후지산 세계유산센터 전망대에서 바라보는 후지산의 모습은 매우 인상적입니다.

[교통]
시즈오카 공항에서 JR시즈오카역까지 버스로 약 1시간 소요

일본의 다도(茶道)를 알고 싶다면? 바로 이거!!

일본은 다도 문화가 발달하여 차를 마실 때의 예절이 엄격하고 체계화되어 있습니다. 일본의 차와 다기의 종류 및 예법에 대해 한번 살펴볼까요?

일본의 차는 차의 재배 관리 방법, 가공 방법, 혼합물의 유무 등에 따라 여러 종류로 나눌 수 있습니다.

센차와 말차, 잎차를 우려 마시는 다기가 있는데, 규스(急須)를 비롯하여 말차다완, 유노미(湯のみ) 등 다양한 찻잔이 있습니다.

다도는 기모노를 입고 정좌로 앉아 마음의 공감을 나누며 차를 마시는 일본의 전통 예술로, 다도의 예법은 미리 알아 두는 것이 좋습니다.

08

<ruby>雪<rt>ゆき</rt></ruby>が たくさん <ruby>降<rt>ふ</rt></ruby>って いますね。

눈이 많이 내리고 있네요.

이번 과의 여행지는?

홋카이도

홋카이도, 삿포로　北海道, 札幌
ほっかいどう さっぽろ

홋카이도는 일본 최북단에 위치한 지역으로 일본 열도에서 혼슈 다음으로 두 번째로 큰 섬입니다. 홋카이도 중심 도시인 삿포로에는 겨울 눈축제 때 많은 관광객들이 모여듭니다.

이번 과의 포인트는?

Study

「~て いる」의 상태 및 자연 현상과 착용에 관한 표현을 배우고, 사람을 세는 조수사와 가족 관계를 활용하여 자신 있게 말할 수 있습니다.

Travel

홋카이도 여행에 대한 정보와 삿포로의 주요 관광지에 대해 알 수 있습니다.

Culture

일본에서 계절별로 열리는 축제에 대해 알 수 있습니다.

✳ 회사 책상에 있는 승준(スンジュン)의 가족사진을 보며 리나(りな)와 승준이 이야기하고 있습니다.

りな　イさん、帽子を かぶって いる 人は 誰ですか。

スンジュン　兄です。私は 父と 母と 兄と 私の 4人家族です。

兄は 結婚して フランスに 住んで います。

来月、家族と 北海道に 行く つもりです。

「北海道」는 일본에서 혼슈 다음으로 큰 섬으로 일본 최북단에 위치해 있으며, 삿포로시가 중심 도시입니다.

날말과 표현

帽子 모자 | かぶって いる 쓰고 있다(착용) | 誰 누구 | 兄 형, 오빠 | 父 아버지 | 母 어머니 | 4人家族 네 가족 | 結婚 결혼 | 住んで います 살고 있습니다(상태) | 来月 다음 달 | 北海道 홋카이도(일본 최북단에 위치)

❋ 홋카이도 여행을 준비하는 소피아(ソフィア)와 폴(ポール)이 이야기하고 있습니다.

ポール　北海道は 今日も 雪が たくさん 降って いますね。

ところで、ソフィアさんは 国際運転免許証を

持って いますか。

ソフィア　いいえ、私は まだ 持って いません。

ポール　じゃ、今回は 私が 運転しますね。

雪 눈 | たくさん 많이 | 降って います 내리고 있습니다(자연 현상) | ところで 그런데 | 国際運転免許証
국제 운전면허증 | 持って います 갖고 있습니다(상태) | まだ 아직 | 持って いません 갖고 있지 않습니다 |
今回 이번 | 運転 운전

맛있는 문법

1 동사 て형의 활용 (2)

1 상태를 나타내는 「～て いる」

- 運転免許証を 持って いますか。[持つ]

  → 갖고 있습니다

- 弟は 結婚して います。[結婚する]

  → 결혼했습니다

- 私は 東京に 住んで います。[住む]

  → 살고 있습니다

- いい 旅行サイトを 知って います。[知る]

  → 알고 있습니다

상태 표현의 부정

상태 표현의 부정은 「～て いません」으로 표현하는데, 「知る」의 경우에는 「知りません」이라고 합니다.

2 자연 현상을 나타내는 「～て いる」

- 雪が たくさん 降って いますね。[降る]

  → 내리고 있습니다

- 今、雨が 降って います。[降る]

  → 내리고 있습니다

- 風が 吹いて います。[吹く]

  → 불고 있습니다

運転免許証 운전면허증 | 弟 남동생 | 旅行サイト 여행 사이트 | 雪 눈 | たくさん 많이 | 雨 비 | 風 바람

❸ 착용을 나타내는 「~て いる」

帽子
모자

かぶる
→ かぶって いる

ネクタイ
넥타이

しめる
→ しめて いる

眼鏡
안경

かける
→ かけて いる

Ｔシャツ
티셔츠

ワンピース
원피스

着る → 着て いる

スカート
스커트, 치마

ズボン
바지

はく → はいて いる

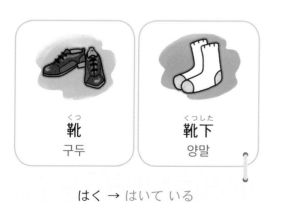

靴
구두

靴下
양말

はく → はいて いる

ネックレス
목걸이

ゆびわ
반지

する → して いる

잠깐! TIP

「着る」와 「はく」

착용을 나타낼 때 상의는 「着る」, 하의는 「はく」를 사용합니다. 단 원피스, 코트, 정장의 착용을 나타낼 때는 「着る」를 사용합니다.

・帽子を かぶって いる 人は 誰ですか。[かぶる]

・女の人は ワンピースを 着て 靴を はいて います。[着る / はく]

---

2 사람을 세는 조수사

한 명	두 명	세 명	네 명
ひとり	ふたり	さんにん	よにん

다섯 명	여섯 명	일곱 명	여덟 명
ごにん	ろくにん	しちにん	はちにん

아홉 명	열 명	열한 명	몇 명
きゅうにん	じゅうにん	じゅういちにん	何人

帽子 모자 | かぶる 쓰다 | 誰 누구 | 女の人 여자 | ワンピース 원피스 | 着る 입다 | 靴 구두 | はく 신다

A 何人家族ですか。 _{なんにん か ぞく} 가족이 몇 명입니까?

B 父と 母と 妹と 私の 4人家族です。 _{ちち} _{はは} _{いもうと} _{わたし} _{よ にん か ぞく}

아빠와 엄마와 여동생과 저, 네 가족입니다.

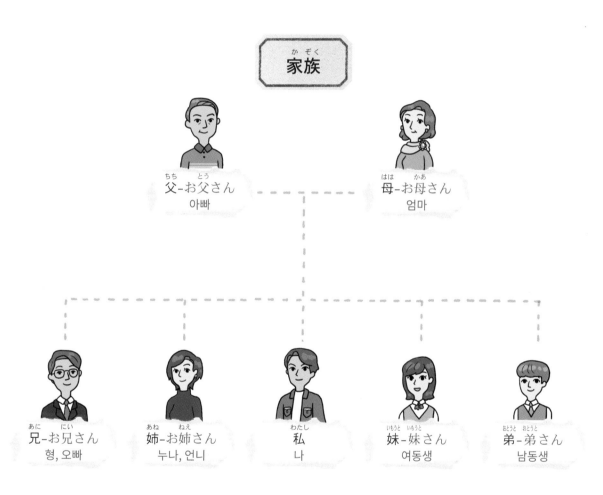

家族 _{か ぞく}

父-お父さん _{ちち} _{とう}
아빠

母-お母さん _{はは} _{かあ}
엄마

兄-お兄さん _{あに} _{にい}
형, 오빠

姉-お姉さん _{あね} _{ねえ}
누나, 언니

私 _{わたし}
나

妹-妹さん _{いもうと} _{いもうと}
여동생

弟-弟さん _{おとうと} _{おとうと}
남동생

☑ Check 파란색 단어는 가족을 부를 때 또는 남의 가족을 말할 때 사용합니다.

맛있는 문장 연습

TRACK 08-03

▽ 다음 문장을 따라 말해 보세요.

1 🎤 ▢▢▢

a 雨が たくさん 降って いますね。

비가 많이 내리고 있네요.

b 学生カードを 持って いますか。

학생 카드를 갖고 있습니까?

2 🎤 ▢▢▢

a どこに 住んで いますか。
→ 北海道に 住んで います。

어디에 살고 있습니까?
→ 홋카이도에 살고 있습니다.

3 🎤 ▢▢▢

a 帽子を かぶって いる 人は 誰ですか。

모자를 쓰고 있는 사람은 누구입니까?

b Tシャツを 着て スカートを はいて います。

티셔츠를 입고 치마를 입고 있습니다.

4 🎤 ▢▢▢

a 何人家族ですか。
→ 父と 母と 私の 3人 家族です。

가족이 몇 명입니까?
→ 아빠와 엄마와 저, 세 가족입니다.

▽ 다음 그림을 보고 와 같이 말해 보세요.

大通公園の 近く,

家・会社,

電車で ３０分

A どこに 住んで いますか。

B 大通公園の 近くに 住んで います。

A 家から 会社まで どのぐらい かかりますか。

B 電車で ３０分ぐらい かかります。

1

札幌駅の そば, 家・駅,

歩いて １５分

2

JRタワーの 近く, 家・JRタワー,

タクシーで ５分

3

札幌, 札幌・小樽,

バスで 約１時間

4

すすきの駅の 近く, 家・学校,

自転車で １０分

大通公園 오도리 공원 | 電車 전철 | どのぐらい 얼마나 | 札幌駅 삿포로역 | 歩く 걷다 | JRタワー JR 타워 | タクシー 택시 | 小樽 오타루(홋카이도의 관광지) | バス 버스 | 約 약 | １時間 1시간 | すすきの駅 스스키노역 | 学校 학교 | 自転車 자전거

TRACK 08-04

▽ 다음은 점원과 고객의 대화입니다. 예와 같이 자유롭게 대화해 보세요.

かぶる・帽子・大きい

かける・眼鏡・安い

着る・Tシャツ・小さい

はく・スカート・長い

예

| 손님 | あの マネキンが <u>かぶって いる</u> <u>帽子</u>は どこに ありますか。 |

| 점원 | こちらです。 |

| 손님 | もっと <u>大きい</u>のは ありますか。 |

| 점원 | はい、こちらです。 |

かぶる 쓰다 | 帽子 모자 | 大きい 크다 | はく 입다 | スカート 스커트, 치마 | 長い 길다 | かける 쓰다 |
眼鏡 안경 | 安い 싸다 | 小さい 작다 | マネキン 마네킹

▽ 다음은 가족 소개에 대한 일본어 스피치 원고입니다. 내용을 읽고 답해 보세요.

私の 家族を 紹介します。

父と 母と 姉 2人と 私の 5人家族です。

上の 姉は 結婚して 福岡に 住んで います。

下の 姉と 私は まだ 結婚して いません。

2月に 家族と 久しぶりに 札幌旅行に 行く

つもりです。

1 다음 밑줄 친 곳에 들어갈 알맞은 말을 쓰세요.

私は ＿＿＿＿＿＿＿と 一緒に 札幌へ 旅行に 行きます。

2 다음 ❶~❸ 중에서 가장 적절한 것을 하나 고르세요.

❶ 私も 下の 姉も まだ 結婚して いません。

❷ 姉 2人は 今 福岡に 住んで います。

❸ 上の 姉は 一緒に 旅行に 行きません。

紹介 소개 | **上の 姉** 큰누나, 큰언니 | **結婚** 결혼 | **住む** 살다 | **下の 姉** 작은누나, 작은언니 | **まだ** 아직 |
久しぶりに 오랜만에 | **つもり** 생각, 예정

▽ 다음 한자와 가타카나를 써 보세요.

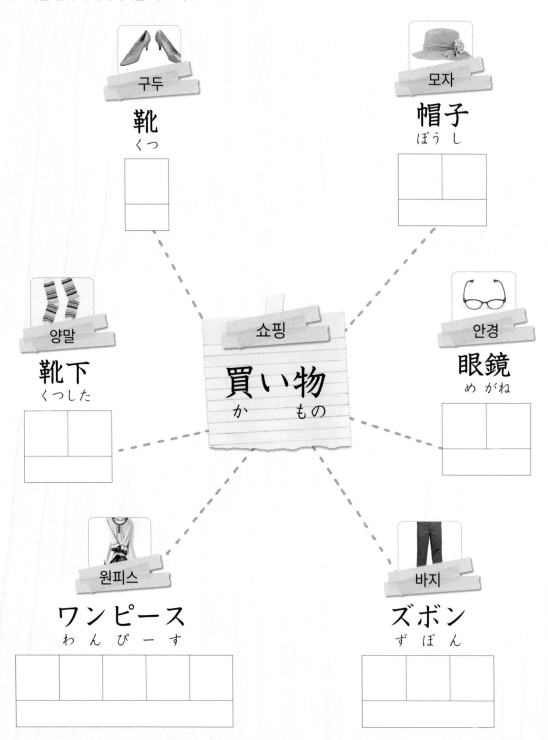

구두
靴
くつ

모자
帽子
ぼう し

양말
靴下
くつした

쇼핑
買い物
か　もの

안경
眼鏡
め がね

원피스
ワンピース
わん ぴ ー す

바지
ズボン
ず ぼん

어휘 다음 한자의 발음으로 올바른 것을 ❶~❸ 중에서 하나 고르세요.

1

家族

❶ がぞく

❷ かぞく

❸ がそく

2

雪

❶ ゆき

❷ ゆり

❸ いき

3

運転

❶ うんでん

❷ うんてん

❸ うんどう

문법 다음 (1), (2)에 순서대로 들어갈 가장 알맞은 말을 ❶~❹ 중에서 하나 고르세요.

> 兄は 結婚(1) 東京に (2) います。
> あに けっこん とうきょう

❶ する, 住って
す

❷ します, 住んて
す

❸ しました, 住いて
す

❹ して, 住んで
す

TRACK 08-05

청취 다음 대화를 듣고 내용에 맞는 사진을 ❶~❸ 중에서 하나 고르세요.

❶

❷

❸

눈으로 맘껏즐기는 **일본 여행 & 문화**

홋카이도, 삿포로

홋카이도(北海道)는 일본 최북단에 위치한 지역으로 삿포로(札幌)가 중심 도시이며 겨울에는 눈이 많이 내리고 여름에는 장마가 없습니다. 삿포로의 눈축제는 현지인과 관광객에게 인기가 있고, 오도리(大通) 공원과 스스키노(すすきの) 거리가 유명합니다. 특히 털게요리와 징기스칸을 먹기 위해 찾는 관광객들이 많습니다

[교통]
신치토세 공항에서 삿포로역까지 버스로 약 1시간 소요

일본의 계절별 축제를 즐기고 싶다면? 바로 여기!!

일본에는 지역별로 매우 다양한 축제가 있습니다. 그중에서도 봄, 여름, 겨울의 축제로는 어떤 것이 인기가 있는지 한번 살펴볼까요?

삿포로 눈축제(雪祭り)는 매년 2월 초 홋카이도의 삿포로에서 열리는 겨울 축제입니다.

우에노(上野) 벚꽃 축제는 3월 말에서 4월 초에 열리며 하루 수십만 명의 꽃놀이 관광객으로 붐비는 봄 축제입니다.

아사쿠사(浅草)의 스미다가와(隅田川) 하나비(花火)는 도쿄에서 가장 유명한 불꽃 축제로 매년 여름에 열리고 있습니다.

09

触って みても いいですか。
さわ

만져 봐도 됩니까?

이번 과의 여행지는?

홋카이도

오타루, 후라노 小樽, 富良野
おたる ふらの

오타루는 홋카이도 서부에 있는 도시로 오타루 운하와 오르골당이 유명합니다. 후라노의 라벤더 축제와 비에이의 설경을 보기 위해 많은 관광객들이 찾아옵니다.

이번 과의 포인트는?

Study

「~ても いいです / ~ては いけません / ~て みる / ~て あります」에 대해 배우고 활용하여 자신 있게 말할 수 있습니다.

Travel

오타루 여행에 대한 정보와 후라노와 비에이에 대해 알 수 있습니다.

Culture

일본의 관광객을 위한 이색 문화 체험에 대해 알 수 있습니다.

맛있는 회화

TRACK 09-01

✽ 민지(ミンジ)와 사토시(さとし)가 여행 동아리 가입에 대해 이야기하고 있습니다.

ミンジ 旅行サークルの 活動は 一ヶ月に 何回 ありますか。

さとし 一ヶ月に 一回です。今月は 小樽に 行きます。

ミンジ では、私も この サークルに 入りたいんですが、

入っても いいですか。

さとし はい。いつでも 大歓迎です。

「小樽」는 홋카이도 서부에 있는 항구 도시로, 오타루 운하와 오르골, 유리 공예품 등이 유명합니다.

날말과 표현

旅行 여행 | サークル 서클, 동아리 | 活動 활동 | 一ヶ月 한 달 | 何回 몇 번 | 一回 1회 | 小樽 오타루(홋카이도의 관광지) | ～に 入りたいんですが ~에 들어가고 싶은데요 | 入っても いいですか 들어가도 됩니까? | いつでも 언제라도 | 大歓迎 대환영

✳ 삿포로 눈축제에 도착한 폴(ポール)과 리나(りな)가 이야기하고 있습니다.

- 얼음 조각상 앞에서 -

ポール　　わ〜！きれいですね。

　　　　　触って みても いいですか。

りな　　　ここに「触っては いけません」と 書いて ありますよ。

ポール　　え〜、残念ですね。

낱말과 표현 ✍

きれいですね 예쁘네요 | 触って みても いいですか 만져 봐도 됩니까?(좋습니까?) | 触っては いけません
만지면 안 됩니다 | 〜と ~(이)라고 | 書いて あります 쓰여 있습니다 | 残念ですね 유감이네요, 아쉽네요, 안타
깝네요

1 동사 て형의 활용 (3)

〜ても いいです	~해도 됩니다	飲んでも いいです	마셔도 됩니다
〜ては いけません	~하면 안 됩니다	飲んでは いけません	마시면 안 됩니다
〜て みる	~해 보다	飲んで みる	마셔 보다

2 〜ても いいです　　　　　　~해도 됩니다

・サークルに 入っても いいですか。[入る]

・ひらがなで 書いても いいですか。[書く]

・4時に 出発しても いいですか。[出発する]

> **잠깐! TIP**
> 「〜ても いいです」의 유사 표현
>
> ★ 〜ても いいです ＝ 〜ても かまいません
> 「かまいません」은 '상관없습니다, 관계없습니다'라는 뜻입니다.

サークル 서클, 동아리 | 〜に 入る ~에 들어가다 | ひらがな 히라가나 | 書く 쓰다 | 出発する 출발하다

③ ～ては いけません

~하면 안 됩니다, ~해서는 안 됩니다

・ここで 写真を 撮っては いけません。[撮る]

・夜 遅くまで 映画を 見ては いけません。[見る]

・図書館の 中では 電話しては いけません。[電話する]

잠깐! TIP
「～ては いけません」의 유사 표현

★ ～ては いけません = ～ては だめです
「だめです」는 '안 됩니다'라는 뜻입니다.

④ ～て みる

~해 보다

・触って みても いいですか。[触る]

・この 歌を 聞いて みて ください。[聞く]

・試着して みても いいですか。[試着する]

写真 사진｜撮る 찍다｜夜 저녁, 밤｜遅く 늦게｜映画 영화｜図書館 도서관｜電話する 전화하다｜触る 만지다, 손대다｜歌 노래｜試着する 입어 보다

5 ～に ～回

~에 ~회(번)

・サークルの 活動は 一ヶ月に 何回 ありますか。

・週に 一回 伝統料理を 習って います。

 잠깐! TIP

1회	2회	3회	4회	5회
いっかい 一回	に かい 二回	さんかい 三回	よんかい 四回	ご かい 五回

6 ～と 書いて あります

~(이)라고 쓰여 있습니다

・ここに 「触っては いけません」と 書いて あります。

・あそこに 「禁煙」と 書いて あります。

活動 활동 | 一ヶ月 한 달 | 何回 몇 번, 몇 회 | 週に 一回 주1회 | 伝統料理 전통 요리 | 習う 배우다 |
触る 만지다, 손대다 | 禁煙 금연

🍴 조사 「に」와 함께 쓰는 동사

1 ～に 会う ~을/를 만나다

・駅の 前で 友達に 会いました。　역 앞에서 친구를 만났습니다.

2 ～に 乗る ~을/를 타다

・バスに 乗って 会社へ 行きました。　버스를 타고 회사에 갔습니다.

3 ～に 入る ~에 들어가다

・部屋に 入っても いいですか。　방에 들어가도 됩니까?

4 ～に 住む ~에 살다

・私は 公園の 近くに 住んで います。　저는 공원 근처에 살고 있습니다.

5 ～に 通う ~에 다니다

・私は K大学に 通って います。　저는 K대학에 다니고 있습니다.

▽ 다음 문장을 따라 말해 보세요.

---

1 🎤 ▪▪▪

a 漢字で 書いても いいですか。

> 한자로 써도 됩니까?

b 車を 止めても いいですか。

> 차를 세워도 됩니까?

---

2 🎤 ▪▪▪

a ここで 写真を 撮っては いけません。

> 여기에서 사진을 찍으면 안 됩니다.

b ここで たばこを 吸っては いけません。

> 여기에서 담배를 피우면 안 됩니다.

---

3 🎤 ▪▪▪

a 試着して みても いいですか。

> 입어 봐도 됩니까?

b この 本を 読んで みて ください。

> 이 책을 읽어 보세요.

---

4 🎤 ▪▪▪

a あそこに 「禁煙」と 書いて あります。

> 저기에 '금연'이라고 쓰여 있습니다.

b 週に 一回 生花を 習って います。

> 일주일에 한 번 꽃꽂이를 배우고 있습니다.

맛있는 응용 연습

▽ 다음 그림을 보고 와 같이 말해 보세요.

예

A 写真を 撮っても いいですか。

B1 はい、撮っても いいです。

B2 いいえ、撮っては いけません。

写真を 撮る

1

今 食べる

2

試着して みる

3

会議室に 入る

4

この 電話を 使う

撮る 찍다 ┃ 試着する 입어 보다 ┃ 会議室 회의실 ┃ ～に 入る ~에 들어가다 ┃ 電話 전화 ┃ 使う 사용하다

맛있는 회화 연습

TRACK 09-04

▽ 다음은 행동 규정에 대한 여러 질문 사항입니다. 예와 같이 자유롭게 대화해 보세요.

たばこを 吸う・禁煙

演劇の 写真を 撮る・撮影禁止

ギターを 弾く・教室では 静かに

車を 止める・駐車禁止

예

A ギターを 弾いても いいですか。

B いいえ、弾いては いけません。

ここを 見て ください。

「教室では 静かに」と 書いて ありますよ。

たばこを 吸う 담배를 피우다 | 禁煙 금연 | 演劇 연극 | 撮影禁止 촬영금지 | ギターを 弾く 기타를 치다 | 教室 교실 | 静かに 조용히 | 車 차 | 止める 세우다 | 駐車禁止 주차금지

▽ 다음은 오타루에 온 외국인 관광객을 위한 체험 안내입니다. 내용을 읽고 답해 보세요.

1 다음 밑줄 친 곳에 들어갈 알맞은 말을 쓰세요.

これは 外国人観光客向けの ＿＿＿＿＿＿＿＿＿＿ 体験です。

2 다음 ❶～❸ 중에서 가장 적절한 것을 하나 고르세요.

❶ この 体験は 日本人は 参加しては いけません。

❷ この 体験は 日本人も 外国人も 参加しても いいです。

❸ この 体験は 週に 一回 あります。

外国人 외국인 | **観光客** 관광객 | **～向けの** ~을/를 위한 | **オルゴール** 오르골 | **手作り** 손수 만들기 | **体験** 체험 | **参加** 참가 | **可能** 가능

▽ 다음 한자와 가타카나를 써 보세요.

전통 요리
伝統料理
でんとうりょう り

연극
演劇
えんげき

꽃꽂이
生花
いけばな

서클, 동아리
サークル
さ ー く る

사진
写真
しゃしん

기타
ギター
ぎ た ー

축구
サッカー
さっか ー

어휘 다음 한자의 발음으로 올바른 것을 ❶~❸ 중에서 하나 고르세요.

生花

❶ いけはな

❷ せいばな

❸ いけばな

禁煙

❶ きんねん

❷ きんえん

❸ きんれん

体験

❶ たいけん

❷ けいけん

❸ からだけん

문법 다음 (1), (2)에 순서대로 들어갈 가장 알맞은 말을 ❶~❹ 중에서 하나 고르세요.

> ここ (1) 「触っては いけません」(2) 書いて あります。

❶ に, を　　　❷ へ, と　　　❸ で, を　　　❹ に, と

청취 다음 대화를 듣고 내용에 맞는 사진을 ❶~❸ 중에서 하나 고르세요.

TRACK 09-05

❶
週に ３回
PM 5:00 〜

❷
毎週 土曜日
PM 2:00 〜

❸
毎週 水曜日
PM 6:00 〜

눈으로 맘껏 즐기는 **일본 여행 & 문화**

오타루, 후라노

오타루(小樽)는 일본 홋카이도 서부에 있는 도시로 낭만적인 분위기의 오타루 운하가 유명하며, 세계 각국의 많은 오르골을 판매하는 오르골당과 관광객을 대상으로 한 오르골 체험도 있습니다. 후라노(富良野)는 라벤더 축제로 유명하며 비에이(美瑛)에는 설경과 맛집을 찾는 관광객들이 많습니다.

[교통]
삿포로역에서 오타루역까지 JR로 약 40분,
삿포로에서 후라노까지 차로 약 3시간 소요

일본의 이색 문화를 체험하고 싶다면? 바로 이거!!

일본 여행의 재미를 한층 더해주고 일본 문화를 직접 경험해볼 수 있는 일본의 이색 문화 체험에는 어떤 것들이 있는지 한번 살펴볼까요?

오타루의 오르골당에는 다양한 오르골 만들기 체험이 있어서 사전에 예약하면 자신만의 오르골을 직접 만들 수 있습니다.

일본의 전통 의복인 기모노를 갖춰 입고 산책을 하면서 사진을 찍는 기모노 체험이 인기가 있습니다.

마치 과거로 돌아간 듯 인력거를 타고 관광지의 풍경들을 보며 즐기는 인력거 체험도 이색적입니다.

10

<ruby>沖縄<rt>おきなわ</rt></ruby>へ <ruby>行った<rt>い</rt></ruby> ことが ありますよ。

오키나와에 간 적이 있어요.

이번 과의 여행지는?

오키나와

오키나와, 추라우미 수족관
<ruby>沖縄<rt>おきなわ</rt></ruby>, <ruby>美<rt>ちゅ</rt></ruby>ら<ruby>海水族館<rt>うみすいぞくかん</rt></ruby>

오키나와는 일본 최남단에 있는 현이며 류큐 제도에서는 가
장 큰 섬입니다. 산호초가 발달한 오키나와 바다를 한눈에
살펴볼 수 있는 추라우미 수족관은 대표적 관광지입니다.

이번 과의 포인트는?

Study

동사의 た형에 대해 배우고
「~た ことが あります
/ ~た <ruby>方<rt>ほう</rt></ruby>が いいです /
~た <ruby>時<rt>とき</rt></ruby>」를 활용하여 자신
있게 말할 수 있습니다.

Travel

오키나와 여행에 대한
정보와 오키나와의 주요
관광지인 추라우미 수족
관에 대해 알 수 있습니다.

Culture

일본 관광지의 지역 특산
물에 대해 알 수 있습니다.

맛있는 회화

TRACK 10-01

✽ 세영(セヨン)과 사토시(さとし)가 오키나와 여행 사이트를 보며 이야기하고 있습니다.

さとし　キムさん、それは 沖縄旅行の プランですか。

セヨン　はい、年末に 友達と 遊びに 行く つもりです。

さとし　私も 一年前に 沖縄へ 行った ことが ありますよ。

セヨン　それなら 沖縄に ついて 教えて ください。

낱말과 표현

沖縄 오키나와 | 旅行 여행 | プラン 플랜, 계획 | 年末 연말 | 友達 친구 | ～と ~와/과 | 遊びに 行く 놀러 가다 | つもり 생각, 예정 | 一年前 1년 전 | 行った ことが あります 간 적이 있습니다 | それなら 그렇다면 | ～に ついて ~에 대하여 | 教えて ください 가르쳐 주세요

※ 폴(ポール)과 리나(りな)가 오키나와 여행에 대해 이야기하고 있습니다.

ポール　空港から 水族館まで どうやって 行きますか。

りな　私が 行った 時は バスより 車の 方が 速くて

便利でしたよ。

ポール　じゃ、レンタカーを 予約した 方が いいですね。

「美ら海水族館」은 대형 수조 속의 거대한 고래 상어 등이 유명하며, 오키나와의 바다를 한눈에 볼 수 있는 수족관입니다.

낱말과 표현

空港 공항 | ～から ～まで ~부터 ~까지 | 水族館 수족관 | どうやって 어떻게(해서) | 行った 간, 갔던 |
時 때 | バス 버스 | ～より ~보다 | 車 차, 자동차 | ～の 方 ~편, ~쪽 | 速くて 빠르고 | レンタカー 렌터카 |
予約 예약 | ～した 方が いいです ~하는 편이 좋습니다

10 沖縄へ 行った ことが ありますよ。 | **143**

1 동사 た형의 활용

분류	기본형		た형의 활용 방법	~た ~했다, ~한
1그룹 동사	会う	만나다	う・つ・る → った	会った
	待つ	기다리다		待った
	乗る	타다		乗った
	★帰る	돌아가(오)다		帰った
	死ぬ	죽다	ぬ・む・ぶ → んだ	死んだ
	飲む	마시다		飲んだ
	遊ぶ	놀다		遊んだ
	聞く	듣다	く → いた	聞いた
	泳ぐ	헤엄치다	ぐ → いだ	泳いだ
	話す	이야기하다	す → した	話した
	★行く	가다	行く → 行った	行った
2그룹 동사	見る	보다	る + た	見た
	起きる	일어나다		起きた
	食べる	먹다		食べた
	寝る	자다		寝た
	教える	가르치다		教えた
	覚える	외우다		覚えた
3그룹 동사	来る	오다	필수 암기	来た
	する	하다		した

144

2 ～た ことが あります / ありません　~한 적이 있습니다 / 없습니다

- 空港リムジンバスに 乗った ことが あります。[乗る]

- ホテルで 働いた ことが あります。[働く]

- 私は 日本に 留学した ことが ありません。[留学する]

> **잠깐! TIP**
> 「～た ことが ありません」의 유사 표현
>
> ★ 日本へ 行った ことが ありません。일본에 간 적이 없습니다.
> ＝ 日本へ 行った ことが ないです。
> ★ 日本へ 行った ことが ない。일본에 간 적이 없다.
>
> 「ありません」은 「ないです」와 같은 표현으로 「ないです」에서 「です」를
> 빼면 반말 표현이 됩니다. 「ない」는 い형용사의 활용과 같습니다.

3 ～た 方が いいです　~하는 편(쪽)이 좋습니다

- ラウンジで 待った 方が いいです。[待つ]

- 薬を 飲んで ゆっくり 寝た 方が いいです。[寝る]

- 暑いので、窓を 開けた 方が いいです。[開ける]

空港リムジンバス 공항 리무진 버스 | ～に 乗る ~을/를 타다 | ホテル 호텔 | 働く 일하다 | 留学する
유학하다 | ラウンジ 라운지 | 待つ 기다리다 | 薬を 飲む 약을 먹다 | ゆっくり 푹, 느긋하게 | 寝る 자다 |
暑い 덥다 | 窓 창문 | 開ける 열다

4 〜た 時

~했을 때

・日本へ 行った 時、買った かばんです。[行く]

・はじめて 出会った 時、彼女は ２２才でした。[出会う]

・ここは 沖縄旅行を した 時、泊った ホテルです。[する]

5 〜に ついて

~에 대하여

・あなたの 夢に ついて 日本語で 発表して ください。

・日本語の 文法に ついて 説明して います。

・沖縄の 有名な 所に ついて 調べて みました。

買う 사다 | はじめて 처음 | 出会う 만나다 | 彼女 여자친구, 그녀 | 〜才 ~세, ~살 | 泊る 묵다, 숙박하다 | あなた 당신 | 夢 꿈 | 発表する 발표하다 | 文法 문법 | 説明する 설명하다 | 有名だ 유명하다 | 所 곳 | 調べる 조사하다

会社員の 一日 회사원의 하루

▽ 다음 밑줄 친 동사를 た형으로 바꿔서 히라가나로 써 보세요.

1 6時30分に <u>起きる</u> →
（　　　　）

2 コーヒーを <u>飲む</u>
（　　　　）

3 会社へ <u>行く</u> →
（　　　　）

4 会議を <u>する</u>
（　　　　）

5 仕事が <u>終わる</u> →
（　　　　）

6 9時に 家に <u>帰る</u> ➡ 11時に
（　　　　）　寝た。

맛있는 문장 연습

TRACK 10-03

▽ 다음 문장을 따라 말해 보세요.

---

1 🎤 ☐☐☐

a 日本へ 行った ことが ありますか。　　일본에 간 적이 있습니까?

b この ドラマを 見た ことが あります。　　이 드라마를 본 적이 있습니다.

c 日本語で 案内した ことが ありません。　　일본어로 안내한 적이 없습니다.

---

2 🎤 ☐☐☐

a レンタカーを 予約した 方が いいです。　　렌터카를 예약하는 편이 좋습니다.

b 外国語を 習った 方が いいです。　　외국어를 배우는 편이 좋습니다.

c 空港に 駐車した 方が いいです。　　공항에 주차하는 편이 좋습니다.

---

3 🎤 ☐☐☐

a 日本へ 行った 時、撮った 写真です。　　일본에 갔을 때 찍은 사진입니다.

b 沖縄へ 行った 時、買った かばんです。　　오키나와에 갔을 때 산 가방입니다.

 다음 그림을 보고 예와 같이 말해 보세요.

예

A 紅イモタルトを 食べた ことが ありますか。

B1 はい、あります。

B2 いいえ、ありません。

一度 食べて みたいです。

紅イモタルトを 食べる

1

レンタカーを 運転する

2

すき焼きを 作る

3

日本語を 教える

4

新幹線に 乗る

紅イモタルト 자색 고구마 타르트(오키나와의 특산물) | 一度 한 번 | レンタカー 렌터카 | 運転する 운전하다 | すき焼き 스키야키(일본식 전골) | 作る 만들다 | 教える 가르치다 | 新幹線 신칸센 | 〜に 乗る ~을/를 타다

맛있는 회화 연습

▽ 다음은 일본 여행에 대한 경험과 조언의 내용입니다. 예와 같이 자유롭게 대화해 보세요.

おきなわ
沖縄

今年の 夏
レンタカーを 借りる

はこ ね おんせん
箱根温泉

来月
ロマンスカーに 乗る

おおさか
大阪

来年の 春
周遊パスを 買う

예

A 沖縄へ 行った ことが ありますか。

B いいえ、ありません。

A 今年の 夏、行く 予定です。

B それなら レンタカーを 借りた 方が いいですよ。

今年 올해 | 夏 여름 | レンタカー 렌터카 | 借りる 빌리다 | 来月 다음 달 | ロマンスカー 로망스카 | 乗る 타다 | 来年 내년 | 春 봄 | 周遊パス 주유패스(오사카의 지하철, 버스, 관광지 이용 티켓) | 買う 사다 | それなら 그렇다면 | ～た 方が いいです ~하는 편이 좋습니다

▽ 다음은 세영의 인스타그램입니다. 내용을 읽고 답해 보세요.

Instagram

seyoung

明日、沖縄に 住んで いる サラさんに
会いに 行く 予定だ。
サラさんは 一年前に 大阪へ 行った 時、
飛行機の 中で 出会った。
それで、私たちは 友達に なった。
空港から サラさんの 家までは
バスより ゆいレールに 乗った 方が 速い。

♡ ◯ ◌◌◌

1　다음 밑줄 친 곳에 들어갈 알맞은 말을 쓰세요.

　　サラさんと 私は 沖縄へ ＿＿＿＿＿＿ 時、出会いました。

2　다음 ❶~❸ 중에서 가장 적절한 것을 하나 고르세요.

　❶ セヨンさんは 一年前に 大阪へ 行った ことが ある。

　❷ サラさんと セヨンさんは 沖縄へ 友達に 会いに 行く。

　❸ 空港から サラさんの 家までは バスに 乗った 方が 速い。

住む 살다 | 予定 예정 | 一年前 1년 전 | 時 때 | 飛行機 비행기 | 出会う 만나다 | それで 그래서 | 私たち 우리들 | ～に なる ~이/가 되다 | 空港 공항 | ゆいレール 유이레일(오키나와 시내 모노레일) | 速い 빠르다

맛있는 한자 & 가타카나

▽ 다음 한자와 가타카나를 써 보세요.

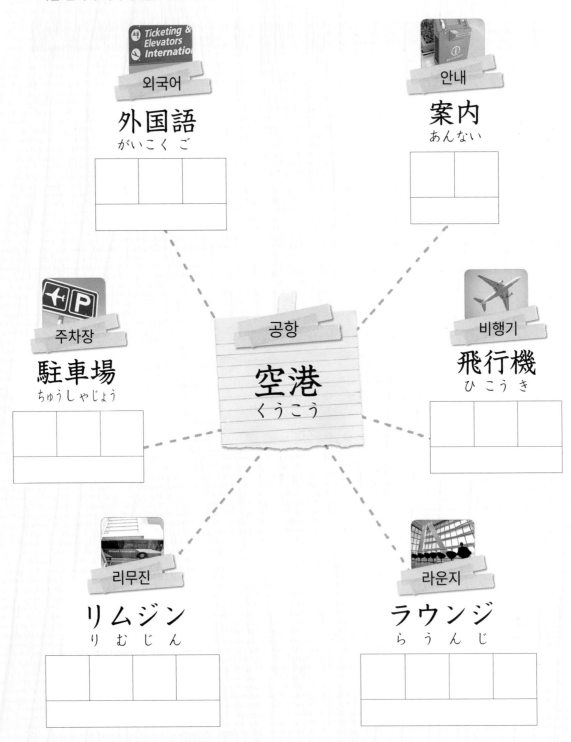

外国語
がいこくご
외국어

案内
あんない
안내

駐車場
ちゅうしゃじょう
주차장

空港
くうこう
공항

飛行機
ひこうき
비행기

リムジン
りむじん
리무진

ラウンジ
らうんじ
라운지

맛있는 확인 문제

어휘 다음 한자의 발음으로 올바른 것을 ❶~❸ 중에서 하나 고르세요.

1

空港

❶ くうこう

❷ くこう

❸ くこ

2

水族館

❶ すいぞかん

❷ かぞくかん

❸ すいぞくかん

3

今年

❶ ことし

❷ ごとし

❸ いまとし

문법 다음 (1), (2)에 순서대로 들어갈 가장 알맞은 말을 ❶~❹ 중에서 하나 고르세요.

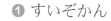

いちねんまえ　　　　　　に ほん
一年前(1) 日本へ (2) ことが あります。

❶ で, 行く

❷ に, 行きます

❸ に, 行った

❹ を, 行きました

TRACK 10-05

청취 다음 대화를 듣고 내용에 맞는 사진을 ❶~❸ 중에서 하나 고르세요.

❶

おきなわ
沖縄

❷

よこはま
横浜

❸

さっぽろ
札幌

눈으로 맘껏즐기는 **일본 여행 & 문화**

오키나와, 추라우미 수족관

오키나와(沖縄)는 일본 류큐(琉球) 제도에 있는 섬으로 아열대 기후에 속해 있어 일년 내내 22도 정도의 평균 기온을 유지합니다. 대표적인 관광지인 추라우미(美ら海) 수족관은 아름다운 오키나와 바다를 한눈에 살펴볼 수 있어서 성인은 물론 아이를 동반한 가족 여행의 필수 코스로 자리매김하고 있습니다.

[교통]
나하공항에서 차로 2시간 소요

일본의 지역 특산물을 사고 싶다면? 바로 이거!!

일본은 각 지역별로 대표적인 특산물이 다양하여 여행 선물로도 인기가 많습니다. 도쿄, 교토, 오키나와의 특산물에는 어떤 것이 있는지 한번 살펴볼까요?

베니이모(紅イモ) 타르트는 자색 고구마 타르트로 오키나와의 대표적인 특산물입니다.

도쿄 닌교야키(人形焼き)는 '인형 과자'라는 뜻의 일본 전통 과자이며 아사쿠사의 명물로 인기가 있습니다.

야츠하시(八ツ橋)는 얇은 찹쌀떡 같이 생긴 교토의 대표적인 특산물로 유명합니다.

11

海で スノーケリングを したりしました。

바다에서 스노클링을 하기도 했습니다.

이번 과의 여행지는?

오키나와, 슈리성 沖縄, 首里城

오키나와현 나하시에 소재한 류큐 왕국의 궁전인 슈리성은 450년간 오키나와의 역대 국왕들이 머물던 성으로 오키나와의 역사를 알 수 있는 관광 명소입니다.

이번 과의 포인트는?

Study

동사의 たり형에 대해 배우고 「〜たり 〜たり する / 〜てから / 〜も 〜し」를 활용하여 자신 있게 말할 수 있습니다.

Travel

오키나와 역사를 알 수 있는 오키나와 주요 관광지인 슈리성에 대해 알 수 있습니다.

Culture

일본의 전통 연중 행사에 대해 알 수 있습니다.

맛있는 회화

TRACK 11-01

✱ 오키나와에 온 세영(セヨン)이 도쿄에 있는 사토시(さとし)에게 전화하고 있습니다.

セヨン 今日は 首里城で 写真を 撮ったり

海で スノーケリングを したり しました。

さとし いいですね。

セヨン これから 国際通りで おみやげを 買ってから

ソーキそばを 食べる つもりです。

「ソーキそば」는 뼈
있는 돼지갈비가 토
핑으로 올려져 있는
오키나와의 대표적인
소바입니다.

首里城 슈리성(오키나와 국왕들이 머물던 성) | 写真 사진 | 撮ったり 찍기도 하고 | 海 바다 | スノーケリング 스노
클링 | これから 이제(부터) | 国際通り 국제거리(오키나와 나하의 번화 거리) | おみやげ 여행 선물 | 買って
から 사고 나서 | ソーキそば 소키소바(돼지 갈비살을 넣은 오키나와 소바)

156

✱ 승준(スンジュン)이 그레이스(グレース)에게 전화로 오키나와 여행에 대해 묻고 있습니다.

スンジュン 沖縄リゾートホテルは どうですか。

グレース 部屋も 広いし、近くに きれいな 海も あるので

いいですよ。

スンジュン え～、うらやましいですね。いつ 帰りますか。

グレース 3泊4日なので 金曜日に 帰ります。

リゾートホテル 리조트 호텔 | 部屋 방 | 広い 넓다 | ～も ～し ~도 ~하고 | 近く 근처 | きれいな 예쁜, 깨끗한 | ～ので ~(이)니까, ~(이)기 때문에 | うらやましい 부럽다 | いつ 언제 | 3泊4日 3박 4일 | 帰ります 돌아갑니다

1 동사 たり형의 활용

분류	기본형		たり형의 활용 방법	~たり ~하기도 하고
1그룹 동사	<ruby>会<rt>あ</rt></ruby>う	만나다	う・つ・る → ったり	<ruby>会<rt>あ</rt></ruby>ったり
	<ruby>待<rt>ま</rt></ruby>つ	기다리다		<ruby>待<rt>ま</rt></ruby>ったり
	<ruby>乗<rt>の</rt></ruby>る	타다		<ruby>乗<rt>の</rt></ruby>ったり
	★<ruby>帰<rt>かえ</rt></ruby>る	돌아가(오)다		<ruby>帰<rt>かえ</rt></ruby>ったり
	<ruby>死<rt>し</rt></ruby>ぬ	죽다	ぬ・む・ぶ → んだり	<ruby>死<rt>し</rt></ruby>んだり
	<ruby>飲<rt>の</rt></ruby>む	마시다		<ruby>飲<rt>の</rt></ruby>んだり
	<ruby>遊<rt>あそ</rt></ruby>ぶ	놀다		<ruby>遊<rt>あそ</rt></ruby>んだり
	<ruby>聞<rt>き</rt></ruby>く	듣다	く → いたり	<ruby>聞<rt>き</rt></ruby>いたり
	<ruby>泳<rt>およ</rt></ruby>ぐ	헤엄치다	ぐ → いだり	<ruby>泳<rt>およ</rt></ruby>いだり
	<ruby>話<rt>はな</rt></ruby>す	이야기하다	す → したり	<ruby>話<rt>はな</rt></ruby>したり
	★<ruby>行<rt>い</rt></ruby>く	가다	<ruby>行<rt>い</rt></ruby>く → <ruby>行<rt>い</rt></ruby>ったり	<ruby>行<rt>い</rt></ruby>ったり
2그룹 동사	<ruby>見<rt>み</rt></ruby>る	보다	る + たり	<ruby>見<rt>み</rt></ruby>たり
	<ruby>起<rt>お</rt></ruby>きる	일어나다		<ruby>起<rt>お</rt></ruby>きたり
	<ruby>食<rt>た</rt></ruby>べる	먹다		<ruby>食<rt>た</rt></ruby>べたり
	<ruby>寝<rt>ね</rt></ruby>る	자다		<ruby>寝<rt>ね</rt></ruby>たり
	<ruby>教<rt>おし</rt></ruby>える	가르치다		<ruby>教<rt>おし</rt></ruby>えたり
	<ruby>覚<rt>おぼ</rt></ruby>える	외우다		<ruby>覚<rt>おぼ</rt></ruby>えたり
3그룹 동사	<ruby>来<rt>く</rt></ruby>る	오다	필수 암기	<ruby>来<rt>き</rt></ruby>たり
	する	하다		したり

2 ～たり ～たり する

~하기도 하고(하거나) ~하기도(하거나) 하다

・宿題を したり テレビを 見たり します。[する / 見る]

・公園で 遊んだり 弁当を 食べたり します。[遊ぶ / 食べる]

・観光地で 写真を 撮ったり 観覧車に 乗ったり しました。[撮る / 乗る]

3 ～てから

~하고 나서

・おみやげを 買ってから ステーキを 食べる つもりです。[買う]

・仕事が 終わってから 何を しますか。[終わる]

・伝統衣装を 着てから 写真を 撮りましょう。[着る]

宿題 숙제 | テレビ 텔레비전 | 公園 공원 | 遊ぶ 놀다 | 弁当 도시락 | 観光地 관광지 | 観覧車 관람차 |
おみやげ 여행 선물 | ステーキ 스테이크 | 仕事 일, 직업 | 終わる 끝나다 | 伝統衣装 전통 의상 | 着る 입다

4 ～も 형용사・동사 기본형 ～し
~도 ~하고

· 近くに ビーチも あるし、客室も 広いので いいですよ。

· キムさんは 性格も いいし、かわいいですね。

· この コートは デザインも きれいだし、値段も 安いですね。

5 ～泊
~박(숙박 일수를 세는 말)

1泊2日	2泊3日	3泊4日
いっぱく ふつか	にはく みっか	さんぱく よっか
4泊5日	**5泊6日**	**6泊7日**
よんはく いつか	ごはく むいか	ろっぱく なのか
7泊8日	**8泊9日**	**9泊10日**
ななはく ようか	はっぱく ここのか	きゅうはく とおか

ビーチ 비치, 해변 | 客室 객실 | 広い 넓다 | ～ので ~(이)니까, ~(이)기 때문에 | 性格 성격 | コート 코트 | デザイン 디자인 | きれいだ 예쁘다, 깨끗하다 | 値段 가격 | 安い 싸다

▽ 다음 (　　) 안에 밑줄 친 동사의 たり형을 히라가나로 써서 문장을 완성해 보세요.

1 本を 読む
（　　　　　）

音楽を 聞く
（　　　　　）　　します。

2 花見に 行く
（　　　　　）

ドライブを する
（　　　　　）　　します。

3 部屋を 片づける
（　　　　　　　）

映画を 見る
（　　　　　）　　します。

TRACK 11-03

▽ 다음 문장을 따라 말해 보세요.

1 🎤 ▢▢▢

a 暇な 時は 何を しますか。
　→ 音楽を 聞いたり 映画を 見たり します。

한가할 때는 무엇을 합니까?
→ 음악을 듣거나 영화를 보거나 합니다.

2 🎤 ▢▢▢

a 休日は 何を しますか。
　→ 遊園地に 行ったり 旅行したり します。

휴일에는 무엇을 합니까?
→ 유원지에 가거나 여행하거나 합니다.

3 🎤 ▢▢▢

a 会社が 終わってから 何を しますか。
　→ 友達に 会ったり 運動を したり します。

회사가 끝나고 나서 무엇을 합니까?
→ 친구를 만나거나 운동을 하거나 합니다.

4 🎤 ▢▢▢

a この 車は デザインも いいし、値段も 安いです。

이 차는 디자인도 좋고 가격도 쌉니다.

b キムさんは 性格も いいし、かわいいですね。

김 씨는 성격도 좋고 귀엽네요.

▽ 다음 그림을 보고 예와 같이 말해 보세요.

예

A 休日は 何を しますか。

B 遊園地に 行ったり 旅行を したり します。

休日

遊園地に 行く, 旅行を する

1

こどもの日

キャンプに 行く, 花火を する

2

暇な 時

本を 読む, お茶を 飲む

3

お正月

おせちを 食べる, 福袋を 買う

4

毎週 月曜日

会議を する, 残業を する

遊園地 유원지 | こどもの日 어린이날 | キャンプ 캠프 | 花火 불꽃놀이 | 暇な 時 한가할 때 | お正月 설날, 정월 | おせち 오세치(일본의 정월 음식) | 福袋 복주머니(연초에 여러 물건을 넣어 파는 주머니) | 毎週 매주 | 会議 회의 | 残業 야근, 잔업

맛있는 회화 연습

TRACK 11-04

▽ 다음은 오키나와 여행을 다녀와서 기록한 다이어리입니다. 예와 같이 자유롭게 대화해 보세요.

I ♥ 沖縄（おきなわ） 3泊（さんぱく） 4日（よっか）

22日（火）	23日（水）	24日（木）	25日（金）
AM 11:00 空港（くうこう）に 到着（とうちゃく）する 遊園地（ゆうえんち）で 観覧車（かんらんしゃ）に 乗（の）る 国際通（こくさいどお）りで ちんすこうを 買（か）う	朝食（ちょうしょく）を 食（た）べる 美（ちゅ）ら海水族館（うみすいぞくかん）へ 行（い）く 首里城（しゅりじょう）で 写真（しゃしん）を 撮（と）る	コーヒーを 飲（の）む 海（うみ）で 泳（およ）ぐ スノーケリングを する	散歩（さんぽ）する レンタカーを 返（かえ）す 紅（べに）イモタルトを 買（か）う PM 2:00 出発（しゅっぱつ）する

예

A 火曜日（かようび）は 何（なに）を しましたか。

B 空港（くうこう）に 到着（とうちゃく）してから 遊園地（ゆうえんち）で 観覧車（かんらんしゃ）に 乗（の）ったり

国際通（こくさいどお）りで ちんすこうを 買（か）ったり しました。

空港（くうこう） 공항 | 到着（とうちゃく） 도착 | 遊園地（ゆうえんち） 유원지 | 観覧車（かんらんしゃ） 관람차 | ちんすこう 친스코(오키나와의 과자, 바다 소금 쿠키)
| 朝食（ちょうしょく） 조식, 아침 식사 | 泳（およ）ぐ 수영하다 | スノーケリング 스노클링 | レンタカー 렌터카 | 返（かえ）す 돌려주다,
반납하다 | 紅（べに）イモタルト 자색 고구마 타르트

164

▽ 다음은 세영의 인스타그램입니다. 내용을 읽고 답해 보세요.

Instagram

seyoung

はじめての 沖縄♥　4泊5日
こんなに きれいな 海は はじめて 見た。
とても いい 天気で、よかった。
美ら海水族館に 行ったり 海で スノーケリングを
したり して 楽しかった。
また 沖縄に 行きたい。♥

#沖縄 #沖縄旅行 #Okinawa #日本旅行 #美ら海水族館

♡ ◯

1　다음 밑줄 친 곳에 들어갈 알맞은 말을 쓰세요.

　　沖縄旅行は ＿＿＿＿＿で 行って 来ました。

2　다음 ❶～❸ 중에서 가장 적절한 것을 하나 고르세요.

　　❶ セヨンさんは スノーケリングは しませんでした。

　　❷ 沖縄の 天気は あまり よく ありませんでした。

　　❸ セヨンさんは 海に 行ったり 水族館に 行ったり しました。

はじめて 처음 | 4泊5日 4박 5일 | こんなに 이렇게 | 海 바다 | 天気 날씨 | よかった 잘됐다, 다행이다
| スノーケリング 스노클링 | 楽しい 즐겁다

맛있는 한자 & 가타카나

▽ 다음 한자와 가타카나를 써 보세요.

유원지

遊園地
ゆうえんち

관람차

観覧車
かんらんしゃ

관광지

観光地
かんこうち

여름휴가

夏休み
なつやす

바다

海
うみ

스노클링

スノーケリング
すのーけりんぐ

드라이브

ドライブ
どらいぶ

어휘 다음 한자의 발음으로 올바른 것을 ❶~❸ 중에서 하나 고르세요.

1
正月

❶ しょかつ
❷ しょうがつ
❸ しょたつ

2
観覧車

❶ かんなんちゃ
❷ かんなしゃ
❸ かんらんしゃ

3
観光地

❶ かんこくち
❷ かんこうち
❸ かんこち

문법 다음 (1), (2)에 순서대로 들어갈 가장 알맞은 말을 ❶~❹ 중에서 하나 고르세요.

> 暇な 時は 音楽を (1) 本を (2) しました。

❶ 聞いたり, 読んだり
❷ 聞たり, 読んだり
❸ 聞たり, 読みた
❹ 聞たり, 読む

청취 다음 대화를 듣고 내용에 맞는 사진을 ❶~❸ 중에서 하나 고르세요.

TRACK 11-05

❶  A
❷  B
❸  C

눈으로 맘껏즐기는 일본 여행 & 문화

오키나와, 슈리성

슈리성(首里城)은 오키나와현(沖縄県) 나하(那覇)시에 소재한 류큐 왕국의 궁전으로 450년간 오키나와의 역대 국왕들이 머물던 성입니다. 제2차 세계대전 후 세계 문화유산으로 지정되어 복원되었고, 현재는 오키나와의 역사를 알 수 있는 관광 명소이자 관광객들의 필수 코스가 되었습니다.

[교통]
유이레일 슈리역에 하차

일본의 전통 연중 행사가 궁금하다면? 바로 이거!!

일본에는 달마다 행해지는 전통 연중 행사가 있습니다. 그중에 1월, 2월, 3월, 5월의 연중 행사에는 어떤 것들이 있는지 한번 살펴볼까요?

일본의 정월 쇼가츠(正月, 1월 1일)에는 오세치 요리(おせち料理)를 먹거나 후쿠부쿠로(福袋)를 사고 가루타(カルタ)와 같은 전통 놀이를 합니다.

세츠분(節分)은 입춘 하루 전인 2월 3일경의 연중 행사로 "귀신은 밖으로, 복은 안으로(鬼は 外、福は 内)"라고 말하며 콩을 뿌리는 행사를 합니다.

히나마츠리(ひな祭り)는 여자아이의 어린이날(3월 3일)이고, 고도모노히(こどもの日)는 5월 5일 어린이날로 공휴일입니다.

12

<ruby>一枚<rt>いちまい</rt></ruby>で 5<ruby>回分<rt>ごかいぶん</rt></ruby> <ruby>使<rt>つか</rt></ruby>えますよ。

한 장으로 5회분 사용할 수 있어요.

시코쿠

마츠야마, 도고온천 <ruby>松山<rt>まつやま</rt></ruby>, <ruby>道後温泉<rt>どうごおんせん</rt></ruby>

마츠야마는 일본 시코쿠 에히메현에 있는 도시이며, 3,000년의 역사가 있는 도고온천이 대표적입니다. 봇짱 열차와 가라쿠리 시계탑도 유명하여 많은 관광객들이 모입니다.

이번 과의 포인트는?

Study

동사의 가능형에 대해 배우고 「〜と <ruby>思<rt>おも</rt></ruby>います」를 활용하여 자신 있게 말할 수 있습니다.

Travel

마츠야마 여행에 대한 정보와 도고온천에 대해 알 수 있습니다.

Culture

일본 기차 여행에 대한 정보를 알 수 있습니다.

※ 사토시(さとし)는 마츠야마행 열차 티켓을 보여 주며 세영(セヨン)에게 이야기하고 있습니다.

さとし　これ、青春１８きっぷです。

　　　　一枚で ５回分 使えますよ。

セヨン　いいですね。

　　　　今からでも 予約を する ことが できますか。

さとし　はい、ネットで 予約した 方が お得です。

낱말과 표현 🥢

青春１８きっぷ 청춘18티켓(여행용 승차권) | 一枚 한 장 | ５回分 5회분 | 使えます 사용할 수 있습니다 |
今からでも 지금이라도 | 予約 예약 | できます 할 수 있습니다 | ネット 인터넷(インターネット의 줄임말) |
予約した 方 예약하는 편 | お得 이득

TRACK 12-02

✢ 폴(ポール)과 그레이스(グレース)가 마츠야마 도고온천에 대해 조사하면서 이야기하고 있습니다.

ポール
今、道後温泉に ついて いろいろ 調べて いるんですが。

グレース
おいしい うどんが 食べられる 所を 知って いますか。

ポール
はい。でも 人気が あるので、予約が できません。
早く 行って 並んだ 方が いいと 思います。

「道後温泉」은 일본에서 오래된 온천으로 애니메이션 <센과 치히로의 행방불명>에 나오는 건물의 모델이 되기도 했습니다.

낱말과 표현

道後温泉 도고온천(마츠야마에 있는 온천) | ～に ついて ~에 대해서 | いろいろ 여러 가지 | 調べて いるんですが 알아보고 있는데요 | 食べられる 먹을 수 있다 | 所 곳, 장소 | でも 하지만, 그렇지만 | 人気 인기 | 予約 예약 | できません 할 수 없습니다 | 並んだ 方 줄 서는 편 | いいと 思います 좋다고 생각합니다

1 동사의 가능형

분류	기본형		가능형의 활용 방법	가능형 ~할 수 있다 / ~할 수 있습니다
1그룹 동사	会う	만나다	u단 → e단 + る ます	会える / 会えます
	待つ	기다리다		待てる / 待てます
	行く	가다		行ける / 行けます
	飲む	마시다		飲める / 飲めます
	遊ぶ	놀다		遊べる / 遊べます
	泳ぐ	헤엄치다		泳げる / 泳げます
	話す	이야기하다		話せる / 話せます
	乗る	타다		乗れる / 乗れます
	★帰る	돌아가(오)다	帰る → 帰れる	帰れる / 帰れます
2그룹 동사	見る	보다	る + られる られます	見られる / 見られます
	起きる	일어나다		起きられる / 起きられます
	食べる	먹다		食べられる / 食べられます
	寝る	자다		寝られる / 寝られます
	教える	가르치다		教えられる / 教えられます
3그룹 동사	来る	오다	필수 암기	来られる / 来られます
	する	하다		できる / できます

172

・この 商品は 返品が できます。[する]

・納豆が 食べられますか。[食べる]

・ワインは あまり 飲めません。[飲む]

> **잠깐! TIP**
> **가능동사 앞 조사**
>
> 가능동사 앞에는 일반적으로 조사 「が」가 온다는 점에 주의하세요.
> 단, 조사 「に」는 그대로 사용합니다.
>
> ★ 返品が できません。(O)   반품을 할 수 없습니다.
>   返品を できません。(X)
> ★ 家族に 会えます。(O)   가족을 만날 수 있습니다.
>   家族を 会えます。(X)

2 동사의 기본형 + ことが できる   ~할 수 있다

・切符を 安く 買う ことが できます。[買う]

・私は たばこを やめる ことが できます。[やめる]

・試験に 合格する ことが できます。[合格する]

☑ Check ひらがなが 読める。히라가나를 읽을 수 있다. ＝ ひらがなを 読む ことが できる。

商品 상품 | 返品 반품 | 納豆 낫토(콩을 발효시킨 일본 음식) | ワイン 와인 | 切符 표, 티켓 | 安く 싸게 |
たばこ 담배 | やめる 끊다, 그만두다 | 試験 시험 | 合格 합격 | ひらがな 히라가나

3 ～と 思います

~라고 생각합니다

종류	접속 방법	예
명사	명사だ + と 思います	明日も 雨だと 思います。 내일도 비가 올 거라고 생각합니다.
な형용사	～だ + と 思います	便利だと 思います。 편리하다고 생각합니다.
い형용사	～い + と 思います	高いと 思います。 비싸다고 생각합니다.
동사	기본형 + と 思います	雪が 降ると 思います。 눈이 올 거라고 생각합니다.

- 田中さんは とても いい 同僚だと 思います。[同僚]

- 森さんは ショッピングが 好きだと 思います。[好きだ]

- プレゼントは ゆびわが いいと 思います。[いい]

- ホテルの 予約が キャンセルできると 思います。[できる]

同僚 동료 | ショッピング 쇼핑 | 好きだ 좋아하다 | プレゼント 선물 | ゆびわ 반지 | ホテル 호텔 |
キャンセル 취소 | できる 할 수 있다, 가능하다

▽ 다음 예와 같이 동사의 가능 표현을 히라가나로 써 보세요.

예 食べる
（ たべられます　　　）
（ たべられません　　）

1 話す
（　　　　　　　　　　）
（　　　　　　　　　　）

2 行く
（　　　　　　　　）
（　　　　　　　　）

3 弾く
（　　　　　　　　）
（　　　　　　　　）

4 見る
（　　　　　　　　）
（　　　　　　　　）

5 予約する
（　　　　　　　　）
（　　　　　　　　）

정답

1 はなせます・はなせません　2 いけます・いけません　3 ひけます・ひけません
4 みられます・みられません　5 よやくできます・よやくできません

▽ 다음 문장을 따라 말해 보세요.

1 🎤 ▢▢▢

a 英語が できますか。

→ はい、すこし できます。

→ いいえ、ぜんぜん できません。

영어를 할 수 있습니까?

→ 네, 조금 할 수 있습니다.

→ 아니요, 전혀 못합니다.

2 🎤 ▢▢▢

a ギターが 弾けますか。

기타를 칠 수 있습니까?

b 交換できますか。

교환할 수 있습니까?

c 明日は 授業に 来られません。

내일은 수업에 못 옵니다.

3 🎤 ▢▢▢

a ひらがなを 読む ことが できますか。

히라가나를 읽을 수 있습니까?

b 私は 運転する ことが できます。

저는 운전할 수 있습니다.

4 🎤 ▢▢▢

a 並んだ 方が いいと 思います。

줄을 서는 편이 좋다고 생각합니다.

b 日本の 交通は 便利だと 思います。

일본의 교통은 편리하다고 생각합니다.

▽ 다음 그림을 보고 와 같이 말해 보세요.

예

ひらがな, 読む

A　ひらがなが 読めますか。

B1　はい、すこし 読めます。

B2　いいえ、ぜんぜん 読めません。

1

水泳, する

2

辛い 料理, 食べる

3

ピアノ, 弾く

4

お好み焼き, 作る

ひらがな 히라가나 | 読む 읽다 | すこし 조금, 약간 | ぜんぜん 전혀 | 水泳 수영 | 辛い 맵다 | ピアノ 피아
ノ | 弾く (악기를) 치다, 연주하다 | お好み焼き 오코노미야키(일본 음식) | 作る 만들다

맛있는 회화 연습

▽ 다음은 마츠야마 여행 중 도고온천 상점가에서의 대화입니다. 예와 같이 자유롭게 대화해 보세요.

交換・レシート
ちょっと 小_{ちい}さい

返品・パスポート
しみが ある

割引・ポイントカード
ここに 書いて ある

예

손님	あの、すみません。これ、交換_{こうかん}できますか。
	ちょっと 小_{ちい}さいんですが。
점원	はい。レシートは お持_もちですか。
손님	はい。

交換_{こうかん} 교환 | レシート 영수증 | ちょっと 좀, 약간 | 小_{ちい}さい 작다 | 返品_{へんぴん} 반품 | パスポート 여권 | しみ
얼룩 | 割引_{わりびき} 할인 | ポイントカード 포인트 카드 | 書_かいて ある 쓰여 있다 | お持_もちですか 갖고 계십니까?

▽ 다음은 청춘18티켓에 대한 안내 및 사용법입니다. 내용을 읽고 답해 보세요.

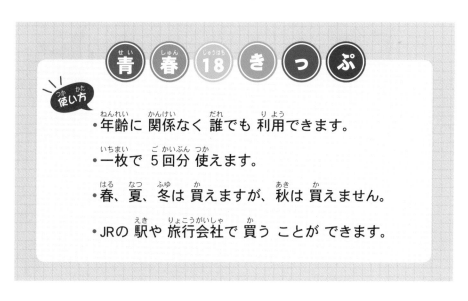

1 다음 밑줄 친 곳에 들어갈 알맞은 말을 쓰세요.

これは 年齢に 関係なく ＿＿＿＿＿＿でも 買えます。

2 다음 ❶～❸ 중에서 가장 적절한 것을 하나 고르세요.

❶ この チケットは 春、夏、秋は 買えます。

❷ この チケットは JRの 駅で 買えます。

❸ この チケットは 会社員は 使えません。

年齢 연령 | 関係なく 관계없이 | 誰でも 누구든지 | 利用できる 이용할 수 있다 | 一枚 한 장 | 5回分 5회분 | 使える 사용할 수 있다 | 春 봄 | 夏 여름 | 冬 겨울 | 秋 가을 | 買える 살 수 있다 | ～や ~(이)랑 | 旅行会社 여행사 | 買う 사다 | チケット 티켓 | 会社員 회사원

▽ 다음 한자와 가타카나를 써 보세요.

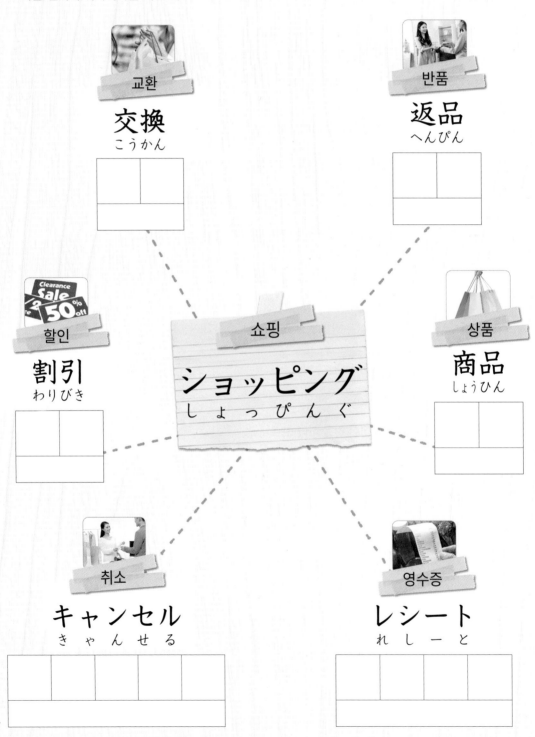

교환

交換
こうかん

반품

返品
へんぴん

할인

割引
わりびき

쇼핑

ショッピング
しょっぴんぐ

상품

商品
しょうひん

취소

キャンセル
きゃんせる

영수증

レシート
れしーと

맛있는 확인 문제

어휘 다음 한자의 발음으로 올바른 것을 ❶~❸ 중에서 하나 고르세요.

1

交換

❶ こうかん

❷ こかん

❸ きょうかん

2

割引

❶ わりひき

❷ ありびき

❸ わりびき

3

返品

❶ へんきん

❷ へんぴん

❸ へんひん

문법 다음 (1), (2)에 순서대로 들어갈 가장 알맞은 말을 ❶~❹ 중에서 하나 고르세요.

ひらがな(1) 読む こと(2) できますか。

❶ で, を　　　　❷ の, が　　　　❸ が, を　　　　❹ を, が

청취 다음 대화를 듣고 내용에 맞는 사진을 ❶~❸ 중에서 하나 고르세요.

TRACK 12-05

❶

❷

❸

눈으로 맘껏즐기는 일본 여행 & 문화

마츠야마, 도고온천

마츠야마(松山)는 일본 시코쿠(四国) 에히메현(愛媛県)에 있는 도시로, 벚꽃 명소로 유명한 마츠야마성과 3,000년의 역사가 있는 도고(道後)온천이 유명합니다. 또한 증기 기관차의 모습을 복원하여 운행하는 봇짱(坊っちゃん) 열차와 가라쿠리(カラクリ) 시계탑이 유명하여 많은 관광객들이 모이는 곳입니다.

[교통]
도고온천역에서 도보로 약 5분

일본에서 기차 여행을 제대로 하고 싶다면? 바로 이거!!

일본에서 기차 여행을 할 때 알아 두면 좋은 청춘18티켓의 사용법, 고속철도 신칸센, 기차에서 먹을 수 있는 에키벤에 대해 한번 살펴볼까요?

청춘18티켓(青春18きっぷ)은 연령 제한 없이 한 장으로 5회분 JR열차를 무제한으로 이용할 수 있는 티켓입니다.

신칸센(新幹線)은 1964년 10월에 개통된 일본의 고속철도입니다.

에키벤(駅弁)은 일본의 철도역에서 판매하고 있는 도시락으로 해당 노선과 지역 특징을 살려 그 종류가 매우 다양합니다.

권말
부록

① 맛있는 회화 해석

02

✽ 사토시와 세영이 주말에 무엇을 했는지에 대해 이야기하고 있습니다.

사토시 김 씨, 주말에는 무엇을 했습니까?

세영 스카이트리에서 야경을 봤습니다. 다나카 씨는요?

사토시 저는 친구와 함께 커피 페스티벌에 갔습니다.
내년에도 갈 생각입니다.

02

✽ 승준과 리나가 어제 무엇을 했는지에 대해 이야기하고 있습니다.

승준 아오야마 씨, 어제는 어디에 갔습니까?

리나 아무데도 가지 않았습니다.
몸 상태가 안 좋아서…….

승준 에? 지금은 괜찮습니까?

리나 네, 오늘은 롯폰기힐즈에서 남자친구를 만날 예정입니다.

03

✽ 그레이스는 폴에게 하코네 온천에 다녀온 이야기를 하고 있습니다.

그레이스 저는 어제 하코네에 있는 온천에 갔습니다.

폴 그래요? 버스로 갔습니까?

그레이스 아니요, 신주쿠역에서 로망스카로 갔습니다만,
조금 일찍 도착했습니다.

03

✻ 그레이스가 승준에게 하코네 온천여관에 대해 이야기하고 있습니다.

승준　　온천여관은 어땠습니까?

그레이스　경치가 좋고 방도 깨끗했습니다.

승준　　가이세키 요리는 맛있었습니까?

그레이스　네. 요리 종류는 많지 않았습니다만, 맛은 좋았습니다.

04

본책 58쪽

✻ 주말에 승준이 요코하마에 사는 유나를 만나러 가고 있습니다.

유나　　여보세요, 이 씨. 지금 어디입니까?

승준　　시부야입니다. 요코하마까지는 전철 쪽이 빠르니까,

　　　　이제부터 도요코선을 탑니다.

유나　　네. 그럼 6시에 미나토미라이역에서 만납시다.

04

본책 59쪽

✻ 승준과 유나가 오랜만에 만나서 어디에 갈지에 대해 이야기하고 있습니다.

유나　　이 씨, 오랜만이에요.

승준　　잘 지냈어요? 오늘은 어디에 갈까요?

유나　　음~, 지금 시간은 야경이 예쁘니까,

　　　　미나토미라이 전망대에 가지 않겠습니까?

승준　　좋네요.

부록_ 맛있는 회화 해석 ┃ **185**

05

✻ 리나가 승준에게 나가노 스키 여행에 대해 이야기하고 있습니다.

리나　이 씨, 이번 주말에 나가노에 스키 타러 갈 예정입니다만,

　　　같이 가지 않겠습니까?

승준　정말입니까? 저도 스키를 좋아하니까 같이 가고 싶습니다.

05

✻ 승준과 그레이스가 여름휴가에 대해 이야기하고 있습니다.

그레이스　이번 여름휴가는 어디로 갑니까?

승준　저는 가루이자와에 놀러 가고 싶습니다. 그레이스 씨는요?

그레이스　글쎄요. 저는 아무데도 가고 싶지 않습니다.

　　　　　푹 쉬고 싶습니다.

06

✻ 가나자와성을 본 후에 폴과 리나는 커피를 마시러 가고 있습니다.

폴　아직 6월입니다만, 꽤 더워졌네요.

　　저기에서 커피를 마시면서 쉴까요?

리나　아, 저 가게는 인스타그램에서 봤습니다.

　　　금박 아이스크림으로 유명해졌어요.

본책 87쪽

✽ 가나자와의 카메라 매장에서 리나와 승준이 카메라를 고르고 있습니다.

리나　　여동생이 내년에 대학생이 되기 때문에 카메라를 선물하고 싶은데요,

　　　　고르기 어렵네요.

승준　　종류가 많으니까요.

　　　　무엇보다도 사용법이 간단한 것이 좋겠죠?

본책 100쪽

✽ 시즈오카의 시라이토노타키 근처에서 세영이 행인에게 길을 묻고 있습니다.

세영　　잠깐 실례하겠습니다.

　　　　길을 찾고 있습니다만, 시라이토노타키는 어디입니까?

행인　　이 길을 곧장 가서 오른쪽으로 도세요.

세영　　감사합니다.

07

본책 101쪽

✽ 후지산 근처에서 사토시와 세영이 이야기하고 있습니다.

사토시　　김 씨, 지금 무엇을 하고 있습니까?

세영　　　후지산 사진을 찍고 있습니다.

사토시　　그렇다면 이쪽으로 오세요.

　　　　　후지산이 좀 더 잘 보여요.

✻ 회사 책상에 있는 승준의 가족사진을 보며 리나와 승준이 이야기하고 있습니다.

리나   이 씨, 모자를 쓰고 있는 사람은 누구입니까?

승준   형입니다. 저는 아빠, 엄마, 형과 저, 네 가족입니다.

　　　　 형은 결혼해서 프랑스에 살고 있습니다.

　　　　 다음 달 가족과 홋카이도에 갈 생각입니다.

✻ 홋카이도 여행을 준비하는 소피아와 폴이 이야기하고 있습니다.

폴   홋카이도는 오늘도 눈이 많이 내리고 있네요.

　　　　 그런데 소피아 씨는 국제 운전면허증을 갖고 있습니까?

소피아   아니요, 저는 아직 갖고 있지 않습니다.

폴   그럼 이번에는 제가 운전할게요.

✻ 민지와 사토시가 여행 동아리 가입에 대해 이야기하고 있습니다.

민지   여행 동아리 활동은 한 달에 몇 번 있습니까?

사토시   한 달에 한 번입니다. 이번 달은 오타루에 갑니다.

민지   그럼 저도 이 동아리에 들어가고 싶은데요, 들어가도 됩니까?

사토시   네. 언제라도 대환영입니다.

❋ 삿포로 눈축제에 도착한 폴과 리나가 이야기하고 있습니다.

- 얼음 조각상 앞에서 -

폴	와~! 예쁘네요.
	만져 봐도 됩니까?
리나	여기에 '만지면 안 됩니다'라고 쓰여 있어요.
폴	에~, 아쉽네요.

❋ 세영과 사토시가 오키나와 여행 사이트를 보며 이야기하고 있습니다.

사토시	김 씨, 그것은 오키나와 여행 플랜입니까?
세영	네, 연말에 친구와 놀러 갈 생각입니다.
사토시	저도 1년 전에 오키나와에 간 적이 있어요.
세영	그렇다면 오키나와에 대해서 가르쳐 주세요.

❋ 폴과 리나가 오키나와 여행에 대해 이야기하고 있습니다.

폴	공항에서 수족관까지 어떻게 갑니까?
리나	제가 갔을 때는 버스보다 차 편이 빠르고 편리했어요.
폴	그럼 렌터카를 예약하는 편이 좋겠네요.

11

✻ 오키나와에 온 세영이 도쿄에 있는 사토시에게 전화하고 있습니다.

세영　　　오늘은 슈리성에서 사진을 찍기도 하고
　　　　　바다에서 스노클링을 하기도 했습니다.

사토시　　좋네요.

세영　　　이제부터 국제거리에서 여행 선물을 사고 나서
　　　　　소키소바를 먹을 생각입니다.

11

✻ 승준이 그레이스에게 전화로 오키나와 여행에 대해 묻고 있습니다.

승준　　　　오키나와 리조트 호텔은 어떻습니까?

그레이스　　방도 넓고 근처에 예쁜 바다도 있기 때문에 좋아요.

승준　　　　에~, 부럽네요. 언제 돌아옵니까?

그레이스　　3박 4일이라서 금요일에 돌아갑니다.

12

✻ 사토시는 마츠야마행 열차 티켓을 보여 주며 세영에게 이야기하고 있습니다.

사토시　　이거 청춘18티켓입니다.
　　　　　한 장으로 5회분 사용할 수 있어요.

세영　　　좋네요.
　　　　　지금이라도 예약을 할 수 있습니까?

사토시　　네, 인터넷으로 예약하는 편이 이득입니다.

⑫

✱ 폴과 그레이스가 마츠야마 도고온천에 대해 조사하면서 이야기하고 있습니다.

폴 　　　지금 도고온천에 대해서 여러 가지 알아보고 있는데요.

그레이스　맛있는 우동을 먹을 수 있는 곳을 알고 있습니까?

폴 　　　네. 하지만 인기가 있어서 예약을 할 수 없습니다.

　　　　　빨리 가서 줄 서는 편이 좋다고 생각합니다.

2 맛있는 독해 연습 정답

02
본책 39쪽
1 行く
2 ①

03
본책 53쪽
1 温泉
2 ③

04
본책 67쪽
1 木曜日
2 ③

05
본책 81쪽
1 アルバイト
2 ②

06
본책 95쪽
1 水曜日, 土曜日
2 ③

07
본책 109쪽
1 静岡
2 ②

08
본책 123쪽
1 家族
2 ①

09
본책 137쪽
1 オルゴール手作り
2 ②

10
본책 151쪽
1 行った
2 ①

11
본책 165쪽
1 4泊5日
2 ③

12
본책 179쪽
1 誰
2 ②

③ 맛있는 확인 문제 정답

02

본책 41쪽

어휘 1 ③　　2 ②　　3 ①

문법 ④

청취 ②

듣기 대본

A 青山さん、昨日は 彼氏と 映画を 見ましたか。

B いいえ、昨日は 彼氏に 会いませんでした。

A では、何を しましたか。

B 家で ゆっくり 寝ました。体の 調子が 悪くて……。

▶ 青山さんは 昨日 何を しましたか。

해석

A 아오야마 씨, 어제는 남자친구와 영화를 봤습니까?

B 아니요, 어제는 남자친구를 만나지 않았습니다.

A 그럼 무엇을 했습니까?

B 집에서 푹 잤습니다. 몸 상태가 안 좋아서…….

▶ 아오야마 씨는 어제 무엇을 했습니까?

03

본책 55쪽

어휘 1 ③　　2 ②　　3 ②

문법 ①

청취 ③

듣기 대본

A イさん、何を 食べますか。
　この 店は ラーメンと 豚カツが 有名ですよ。

B 私は 昨日も 簡単に ラーメンを 食べましたが。

A あ、そうですか。じゃ、寿司は どうですか。

B 前は 寿司が 好きでしたが、最近は 牛丼の
　方が 好きです。

A あ、牛丼も ありますよ。じゃ、私も。
　すみません。これ ふたつ ください。

▶ 2人は 何を 注文しましたか。

해석

A 이 씨, 무엇을 먹겠습니까?
　이 가게는 라면과 돈가스가 유명해요.

B 저는 어제도 간단하게 라면을 먹었는데요.

A 아, 그래요? 그럼 초밥은 어때요?

B 전에는 초밥을 좋아했는데, 요즘은 규동(쪽)을
　좋아합니다.

A 아, 규동도 있어요. 그럼 저도.
　저기요. 이거 두 개 주세요.

▶ 두 사람은 무엇을 주문했습니까?

04

본책 69쪽

어휘 1 ①　　2 ③　　3 ①

문법 ②

청취 ③

듣기 대본

A キムさんの 卒業プレゼントは 何に しましょうか。

B 写真が 好きだから カメラは どうですか。

A あ、キムさんは 最近 いい カメラを 買いましたよ。

B そうですか。じゃ、かばんは どうですか。

A キムさんは かわいい かばんも 好きだから、
　いいですね。

▶ キムさんの 卒業プレゼントは 何に しましたか。

A 김 씨의 졸업 선물은 무엇으로 할까요?

B 사진을 좋아하니까 카메라는 어떻습니까?

A 아, 김 씨는 최근에 좋은 카메라를 샀어요.

B 그렇습니까? 그럼 가방은 어떻습니까?

A 김 씨는 귀여운 가방도 좋아하니까 좋네요.

▶ 김 씨의 졸업 선물은 무엇으로 했습니까?

---

05 본책 83쪽

어휘 1 ②　　2 ③　　3 ②

문법 ③

청취 ②

듣기 대본

A ポールさん、今日の 夜、何が 食べたいですか。

B 焼肉が 食べたいです。青山さんは?

A 私は 寿司が 食べたいです。
一緒に 食べに 行きませんか。

B そうですね。私は 寿司は あまり 食べたく
ありませんが。

A あ、そうですか。じゃ、私は 今週末も 寿司を
食べに 行きますから、今日は ポールさんが
食べたい ものに しましょう。

▶ 2人は 何を 食べに 行きますか。

해석

A 폴 씨, 오늘 저녁 무엇을 먹고 싶습니까?

B 야키니쿠를 먹고 싶습니다. 아오야마 씨는요?

A 저는 초밥을 먹고 싶습니다.
같이 먹으러 가지 않겠습니까?

B 글쎄요. 저는 초밥은 별로 먹고 싶지 않습니다만.

A 아, 그렇습니까? 그럼 저는 이번 주말도 초밥을
먹으러 가니까, 오늘은 폴 씨가 먹고 싶은 것으로
합시다.

▶ 두 사람은 무엇을 먹으러 갑니까?

---

06 본책 97쪽

어휘 1 ①　　2 ③　　3 ②

문법 ①

청취 ②

듣기 대본

A 美香さんは 4月から 大学生に なるので、
一緒に プレゼントを しませんか。

B いいですね。プレゼントは 何に しますか。

A CDは どうですか。美香さんは CDを 聞き
ながら 本を 読むのが 好きでしたね。

B それも いいですが、美香さんは 楽器を 弾く
のも 好きなので、これは どうですか。

A いいですね。これに しましょう。

▶ 2人は 何を 買いますか。

해석

A 미카 씨는 4월부터 대학생이 되니까 함께 선물을
하지 않겠습니까?

B 좋네요. 선물은 무엇으로 합니까?

A CD는 어떻습니까? 미카 씨는 CD를 들으면서
책을 읽는 것을 좋아했지요.

B 그것도 좋은데, 미카 씨는 악기를 연주하는 것도
좋아하니까, 이것은 어떻습니까?

A 좋네요. 이걸로 합시다.

▶ 두 사람은 무엇을 삽니까?

어휘 1 ② 2 ① 3 ③

문법 ③

청취 ①

듣기 대본

A 青山さん、昨日は 何を しましたか。

B 友達に 会って、カフェで コーヒーを 飲みながら 話しました。ポールさんは?

A 私は 富士山の 近くまで 行って、写真を 撮りました。
昨日は 富士山が よく 見えました。

B バスに 乗って 行きましたか。

A いいえ、電車で 行きました。

▶ 昨日、ポールさんは 何を しましたか。

해석

A 아오야마 씨, 어제는 무엇을 했습니까?

B 친구를 만나서 카페에서 커피를 마시면서 이야기했습니다. 폴 씨는요?

A 저는 후지산 근처까지 가서 사진을 찍었습니다.
어제는 후지산이 잘 보였습니다.

B 버스를 타고 갔습니까?

A 아니요, 전철로 갔습니다.

▶ 어제 폴 씨는 무엇을 했습니까?

어휘 1 ② 2 ① 3 ②

문법 ④

청취 ③

듣기 대본

A いらっしゃいませ。

B この マネキンが はいて いる スカートを 探して いるんですが。

A こちらへ どうぞ。

B あの、もっと 小さいのは ありますか。

A すみませんが、これが 一番 小さいのです。
それでは、こちらの ワンピースは どうですか。
最近 人気ですよ。

B じゃ、それに します。

▶ 女の人は 何を 買いましたか。

해석

A 어서 오세요.

B 이 마네킹이 입고 있는 스커트를 찾고
있습니다만.

A 이쪽으로 오세요.

B 저, 더 작은 것은 있습니까?

A 죄송합니다만, 이것이 가장 작은 것입니다.
그럼 이쪽 원피스는 어떻습니까?
요즘 인기 있어요.

B 그럼 그것으로 하겠습니다.

▶ 여자는 무엇을 샀습니까?

어휘 1 ③　　2 ②　　3 ①

문법 ④

청취 ②

┌─────────┐
│ 듣기 대본 │
└─────────┘

A うわ～、サークルが たくさん ありますね。
　 どの サークルに 入りたいですか。

B 私は サッカーが 好きですが、週に 3回は
　 ちょっと……。

A 私は ギターが 習いたいんですが、水曜日は
　 バイトが あります。

B え～、残念ですね。

A じゃ、この サークルは どうですか。
　 一緒に 入りませんか。

B 土曜日なので、いいですね。

▶ 2人は どの サークルに 入りますか。

┌──────┐
│ 해석 │
└──────┘

A 우와~, 서클이 많이 있네요.
　 어느 서클에 들어가고 싶습니까?

B 저는 축구를 좋아합니다만, 주 3회는 좀…….

A 저는 기타를 배우고 싶은데, 수요일은 아르바이
　 트가 있습니다.

B 에~, 아쉽네요.

A 그럼, 이 서클은 어떻습니까?
　 함께 들어가지 않겠습니까?

B 토요일이니까 좋네요.

▶ 두 사람은 어느 서클에 들어갑니까?

어휘 1 ①　　2 ③　　3 ①

문법 ③

청취 ①

┌─────────┐
│ 듣기 대본 │
└─────────┘

A 今度の 旅行は どこに 行きましょうか。

B 横浜は どうですか。

A 私は 9月に 行って きました。

B そうですか。それなら 沖縄は どうですか。

A 今 冬なので、暖かい 所に 行った 方が いい
　 ですね。

B そうですね。私も 行った ことが ないので、
　 一度 行って みたいです。

A じゃ、ここに しましょうか。

▶ 2人は 今度 どこへ 旅行に 行きますか。

┌──────┐
│ 해석 │
└──────┘

A 이번 여행은 어디로 갈까요?

B 요코하마는 어떻습니까?

A 저는 9월에 갔다 왔습니다.

B 그렇습니까? 그렇다면 오키나와는 어떻습니까?

A 지금 겨울이니까 따뜻한 곳에 가는 편이 낫겠네요.

B 그렇군요. 저도 간 적이 없으니까 한번 가 보고
　 싶습니다.

A 그럼 여기로 할까요?

▶ 두 사람은 이번에 어디로 여행 갑니까?

⑪

본책 167쪽

어휘 1 ② 2 ③ 3 ②

문법 ①

청취 ②

듣기 대본

A 来週 行く バスツアーの 予約を しましょうよ。

B 今 予約した 方が いいですか。

A ええ。じゃ、ここを 見て ください。

A、B、Cが ありますが、どれに しましょうか。

B 私は 海は ちょっと……。

観光地に 到着してから 沖縄の 伝統料理を
食べたり 伝統衣装を 着たりしたいんですが。

A そうですか。じゃ、これに しましょう。

▶ 2人は A、B、Cの 中で どれに しましたか。

해석

A 다음 주 가는 버스 투어 예약을 합시다.

B 지금 예약하는 편이 좋습니까?

A 네. 그럼 여기를 봐 주세요.

A, B, C가 있습니다만, 어느 것으로 할까요?

B 저는 바다는 좀…….

관광지에 도착하고 나서 오키나와 전통 요리를
먹거나 전통 의상을 입거나 하고 싶은데요.

A 그렇습니까? 그럼 이것으로 합시다.

▶ 두 사람은 A, B, C 중에서 어느 것으로 했습니까?

⑫

본책 181쪽

어휘 1 ① 2 ③ 3 ②

문법 ④

청취 ②

듣기 대본

A ポールさんは 楽器が できますか。

B はい、私は ギターが 弾けます。
ソフィアさんは?

A 私は ピアノが 弾けます。
最近は 韓国語の 歌を 歌いながら ピアノを
弾くことが 好きです。

B え～、ソフィアさんは 韓国語も できるんですか。

A はい、すこし できます。韓国の 歌が 好きな
ので、1年前から 勉強して います。
ポールさんは?

B 私は 中国語は できますが、韓国語は
ぜんぜん 話せません。

▶ ポールさんは 何が できますか。

해석

A 폴 씨는 악기를 할 수 있습니까?

B 네, 저는 기타를 칠 수 있습니다. 소피아 씨는요?

A 저는 피아노를 칠 수 있습니다. 최근에는 한국어
노래를 부르면서 피아노 치는 것을 좋아합니다.

B 에~, 소피아 씨는 한국어도 할 수 있는 거예요?

A 네, 조금 할 수 있습니다. 한국 노래를 좋아해서
1년 전부터 공부하고 있습니다. 폴 씨는요?

B 저는 중국어는 할 수 있는데, 한국어는 전혀 말할
수 없습니다.

▶ 폴 씨는 무엇을 할 수 있습니까?

02

1 週末は 何を しましたか。

2 友達と 一緒に 展望台へ 行きました。

3 昨日は スカイツリーで 夜景を 見ました。

4 学校の 前で 先輩に 会いました。

5 デパートで 何も 買いませんでした。

6 昨日は どこへも 行きませんでした。

7 今日は 何時に 起きましたか。

8 7時 30分に 起きました。

9 昨日は 11時に 寝ました。

10 4時に 図書館で 先輩に 会う つもりです。

11 バスは 10時に 出発する 予定です。

12 東京駅の 広場で 友達に 会う 予定です。

03

1 旅行は どうでしたか。

2 とても 楽しかったです。

3 天気は とても よかったです。

4 映画は あまり おもしろく ありませんでした。

5 サービスは あまり よく ありませんでした。

6 ホテルの 周りは とても 静かでした。

7 魚は あまり 新鮮じゃ ありませんでした。

8 部屋の 中を きれいに しました。

9 景色が よくて 部屋も きれいでした。

10 夜景も きれいで 雰囲気も よかったです。

11 バスで 行きましたが、早く 着きました。

12 和食を 食べましたが、とても おいしかったです。

04
워크북 14-15쪽

1 明日は どこへ 行きましょうか。

2 美術館へ 行きましょう。

3 何時に 会いましょうか。

4 4時に 会いましょう。

5 駅まで 自転車で 行きませんか。

6 山田さんの 卒業式へ 一緒に 行きませんか。

7 2時出発だから 早く 切符を 買いましょう。

8 ここは 和食が 有名だから 寿司を 食べませんか。

9 新幹線で 駅弁を 食べませんか。

10 電車が 早いから 電車に 乗りましょう。

11 買い物が 好きだから 商品券を 買いましょう。

12 写真が 好きだから カメラに しましょう。

05
워크북 18-19쪽

1 今度の 夏休みに どこへ 行きますか。

2 軽井沢へ 遊びに 行きます。

3 大阪へ 出張に 行きます。

4 上野公園へ 花見に 行きましょう。

5 図書館へ 本を 借りに 行きました。

6 明日は 映画を 見に 行きたいです。

7 私は スキー場で アルバイトしたいです。

8 何が 食べたいですか。

9 焼肉が 食べたいです。

10 私は どこへも 行きたく ありません。

11 趣味は 何ですか。

12 私の 趣味は 映画を 見る ことです。

06 워크북 22-23쪽

1 コーヒーを 飲みながら 話しましょうか。

2 音楽を 聞きながら 勉強を します。

3 佐藤先輩の 説明は わかりやすいです。

4 この ペンは 書きにくいです。

5 この 漢字は 読み方が 難しいですね。

6 この 料理は 作り方が とても 簡単です。

7 この 店は うどんが おいしいので 人が 多いです。

8 明日は 休みなので 友達と 旅行に 行きます。

9 明日は 会話の テストが あるので 勉強を します。

10 涼しい 秋に なりました。

11 サービスが よく なりました。

12 あの 歌手は 前より 有名に なりました。

07 워크북 26-27쪽

1 何を して いますか。

2 本を 読んで います。

3 友達に 会って コーヒーを 飲んで います。

4 サッカーの 試合が あるので 練習を して います。

5 道を 探して いるんですが、コンビニは どこですか。

6 　会社で 仕事を して います。

7 　写真を 撮って ください。

8 　ゆっくり 休んで ください。

9 　この 道を まっすぐ 行って ください。

10 この 道を まっすぐ 行って 右に 曲がって ください。

11 あそこに 靴売り場が 見えます。

12 富士山が よく 見えますね。

08　　　　　　　　　　　　　　　　　　　　　　　　　　워크북 30-31쪽

1 　今、雪が たくさん 降って いますね。

2 　兄は まだ 結婚して いません。

3 　私は 国際運転免許証を 持って います。

4 　いい 旅行サイトを 知って いますか。

5 　姉は 結婚して 東京に 住んで います。

6 　イさんは 帽子を かぶって Tシャツを 着て ズボンを はいて います。

7 　木村さんは ワンピースを 着て 靴を はいて います。

8 　家から 公園まで どのぐらい かかりますか。

9 　歩いて 10分ぐらい かかります。

10 何人家族ですか。

11 5人家族です。

12 父と 母と 妹と 私の 4人家族です。

09　　　　　　　　　　　　　　　　　　　　　　　　　　워크북 34-35쪽

1 　漢字で 書いても いいですか。

2 　日本語で 話しても いいですか。

3 　はい、日本語で 話しても いいです。

4 <ruby>会議室<rt>かいぎしつ</rt></ruby>に <ruby>入<rt>はい</rt></ruby>っても いいですか。

5 ここで <ruby>写真<rt>しゃしん</rt></ruby>を <ruby>撮<rt>と</rt></ruby>っては いけません。

6 ここに <ruby>車<rt>くるま</rt></ruby>を <ruby>止<rt>と</rt></ruby>めては いけません。

7 <ruby>木村<rt>きむら</rt></ruby>さんの <ruby>妹<rt>いもうと</rt></ruby>さんは Ｋ<ruby>大学<rt>だいがく</rt></ruby>に <ruby>通<rt>かよ</rt></ruby>って います。

8 これ、<ruby>食<rt>た</rt></ruby>べて みても いいですか。

9 これ、<ruby>触<rt>さわ</rt></ruby>って みても いいですか。

10 ここに「<ruby>駐車禁止<rt>ちゅうしゃきんし</rt></ruby>」と <ruby>書<rt>か</rt></ruby>いて あります。

11 あそこに「<ruby>大通公園<rt>おおどおりこうえん</rt></ruby>」と <ruby>書<rt>か</rt></ruby>いて あります。

12 <ruby>私<rt>わたし</rt></ruby>は <ruby>週<rt>しゅう</rt></ruby>に 2<ruby>回<rt>かい</rt></ruby>、<ruby>伝統料理<rt>でんとうりょうり</rt></ruby>を <ruby>習<rt>なら</rt></ruby>って います。

⑩ 워크북 38-39쪽

1 <ruby>日本語<rt>にほんご</rt></ruby>を <ruby>勉強<rt>べんきょう</rt></ruby>した ことが ありますか。

2 1<ruby>年前<rt>ねんまえ</rt></ruby>に <ruby>中国<rt>ちゅうごく</rt></ruby>へ <ruby>行<rt>い</rt></ruby>った ことが あります。

3 この <ruby>映画<rt>えいが</rt></ruby>は <ruby>見<rt>み</rt></ruby>た ことが ありません。

4 <ruby>日本語<rt>にほんご</rt></ruby>で <ruby>案内<rt>あんない</rt></ruby>した <ruby>方<rt>ほう</rt></ruby>が いいです。

5 <ruby>今日<rt>きょう</rt></ruby>は ゆっくり <ruby>休<rt>やす</rt></ruby>んだ <ruby>方<rt>ほう</rt></ruby>が いいです。

6 それなら レンタカーを <ruby>借<rt>か</rt></ruby>りた <ruby>方<rt>ほう</rt></ruby>が いいです。

7 これは <ruby>日本<rt>にほん</rt></ruby>へ <ruby>行<rt>い</rt></ruby>った <ruby>時<rt>とき</rt></ruby>、<ruby>撮<rt>と</rt></ruby>った <ruby>写真<rt>しゃしん</rt></ruby>です。

8 <ruby>田中<rt>たなか</rt></ruby>さんは <ruby>私<rt>わたし</rt></ruby>が <ruby>沖縄<rt>おきなわ</rt></ruby>へ <ruby>行<rt>い</rt></ruby>った <ruby>時<rt>とき</rt></ruby>、<ruby>会<rt>あ</rt></ruby>った <ruby>人<rt>ひと</rt></ruby>です。

9 この <ruby>服<rt>ふく</rt></ruby>は <ruby>箱根温泉<rt>はこねおんせん</rt></ruby>へ <ruby>行<rt>い</rt></ruby>った <ruby>時<rt>とき</rt></ruby>、<ruby>買<rt>か</rt></ruby>いました。

10 <ruby>朝<rt>あさ</rt></ruby> <ruby>早<rt>はや</rt></ruby>く <ruby>出発<rt>しゅっぱつ</rt></ruby>した <ruby>方<rt>ほう</rt></ruby>が いいです。

11 <ruby>沖縄旅行<rt>おきなわりょこう</rt></ruby>に ついて <ruby>調<rt>しら</rt></ruby>べて みました。

12 <ruby>夢<rt>ゆめ</rt></ruby>に ついて <ruby>日本語<rt>にほんご</rt></ruby>で <ruby>発表<rt>はっぴょう</rt></ruby>して ください。

1 暇な 時は 何を しますか。

2 友達に 会って 映画を 見たり お茶を 飲んだり します。

3 海で 泳いだり 写真を 撮ったり します。

4 家族と 食事を したり 散歩を したり します。

5 仕事が 終わってから 何を しますか。

6 運動を したり 家で テレビを 見たり します。

7 バイトが 終わってから １１時に 家に 帰りました。

8 朝食を 食べてから 国際通りで おみやげを 買う つもりです。

9 いつ 帰りますか。

10 3泊4日なので 水曜日に 帰ります。

11 部屋も 広いし、近くに ビーチも あるので いいですね。

12 この 店は 値段も 安いし、おいしいので 有名です。

1 日本語が できますか。

2 日本語は すこし できますが、英語は ぜんぜん できません。

3 辛い 食べ物が 食べられますか。

4 運転が できますか。

5 私は ギターが ぜんぜん 弾けません。

6 これ、しみが あるんですが、交換できますか。

7 これ、返品が できますか。

8 これ、割引が できますか。

9 この 切符は 春、夏、冬は 買う ことが できます。

10 吉田さんは とても まじめだと 思います。

11 明日も 雨が 降ると 思います。

12 バスより 車に 乗った 方が いいと 思います。

이제는
여행 × 음식 × 일본어다!

여행과 음식을 함께 즐기는
맛있는 일본어 독학 첫걸음

JRC 일본어연구소 저

팟캐스트 · 여행 미니북 · 쓰기 노트 · 일본 지도 · MP3 다운로드

おいしい〜

무료 동영상 강의

여행과 음식으로 즐겨요!

JRC 일본어연구소 저 | 14,000원

재미와 학습을 한번에! 4주 독학 완성!

 + + + +

여행 콘셉트 본책 　 쓰기 노트 　 여행 미니북 　 무료 동영상 강의 　 테마 지도

JRC 중국어연구소 저 | 14,000원 　 홍빛나 저 | 15,500원 　 국선아 저 | 15,000원 　 피무 저 | 16,500원 　 김정, 일리야 저 | 16,500원

일본 여행 x 문화와 함께 배우는

NEW **맛있는**
일본어

Level **2**

문선희 저

워크북

맛있는 books

01 復習しましょう。

복습해 봅시다.

'가타카나'로 써 보는
맛있는 여행 단어 ①

⁂ 다음 여행 관련 가타카나 단어를 빈칸에 써 보세요.

1	フランス 프랑스			
2	バリスタ 바리스타			
3	カメラ 카메라			
4	ペン 펜			
5	コーヒー 커피			
6	ケーキ 케이크			
7	ジュース 주스			
8	タオル 타월			

'가타카나'로 써 보는
맛있는 여행 단어 ②

★ 다음 여행 관련 가타카나 단어를 빈칸에 써 보세요.

9	ホテル 호텔			
10	メニュー 메뉴			
11	デザート 디저트			
12	チケット 티켓			
13	セット 세트			
14	バス 버스			
15	タクシー 택시			
16	ラーメン 라면			

맛있는 여행 단어 ③

★ 다음 여행 관련 가타카나 단어를 빈칸에 써 보세요.

17	トイレ			
	화장실			
18	アパート			
	아파트			
19	マンション			
	맨션			
20	サウナ			
	사우나			
21	セール			
	세일			
22	シャツ			
	셔츠			
23	カード			
	카드			
24	デパート			
	백화점			

맛있는 문장 연습 ①

날짜: /

36쪽

TRACK 01

✱ 다음 일본어 문장을 듣고 따라 읽어 보세요.

---

1 🎤 ☐ ☐ ☐

a 昨日は 何を しましたか。

→ 友達と 一緒に 公園へ 行きました。

---

2 🎤 ☐ ☐ ☐

a 今日は 何時に 起きましたか。

→ 朝 6時 30分に 起きました。

---

3 🎤 ☐ ☐ ☐

a 週末は コンサートへ 行く つもりです。

b この ビルの 10階で 友達に 会う 予定です。

---

4 🎤 ☐ ☐ ☐

a 昨日は 図書館で 勉強しましたか。

→ いいえ、勉強しませんでした。

맛있는 문장 연습 ②

날짜: /

* 다음 한국어 문장을 일본어로 말해 보세요.

---

1 🎤 ☐☐☐

a 어제는 무엇을 했습니까?

→ 친구와 함께 공원에 갔습니다.

---

2 🎤 ☐☐☐

a 오늘은 몇 시에 일어났습니까?

→ 아침 6시 30분에 일어났습니다.

---

3 🎤 ☐☐☐

a 주말에는 콘서트에 갈 생각입니다.

b 이 빌딩 10층에서 친구를 만날 예정입니다.

---

4 🎤 ☐☐☐

a 어제는 도서관에서 공부했습니까?

→ 아니요, 공부하지 않았습니다.

★ 다음 한국어 문장을 일본어로 써 보세요.

|Hint|

- 주말 週末
- 무엇 何
- 하다 する
- ~했습니다 ~ました
- ~와 함께 ~と 一緒に
- 전망대 展望台
- ~에 ~へ

- 가다 行く
- 스카이트리 スカイツリー
- ~에서 ~で
- 야경 夜景
- 보다 見る
- 학교 学校
- 앞 前

- 백화점 デパート
- 아무것도 何も
- 사다 買う
- ~하지 않았습니다
  ~ませんでした
- 아무데도 どこへも

1   주말에는 무엇을 했습니까?

_____

2   친구와 함께 전망대에 갔습니다.

_____

3   어제는 스카이트리에서 야경을 봤습니다.

_____

4   학교 앞에서 선배를 만났습니다.

_____

5   백화점에서 아무것도 사지 않았습니다.

_____

6   어제는 아무데도 가지 않았습니다.

_____

|Hint|

- 오늘　今日^{きょう}
- 몇 시　何時^{なんじ}
- ~에　~に
- 일어나다　起^おきる
- 30분　３０分^{さんじゅっぷん}
- 어제　昨日^{きのう}

- 자다　寝^ねる
- 4시　４時^{よじ}
- 도서관　図書館^{としょかん}
- 선배　先輩^{せんぱい}
- 생각　つもり
- 버스　バス^{ばす}

- 출발하다　出発^{しゅっぱつ}する
- 예정　予定^{よてい}
- 도쿄역　東京駅^{とうきょうえき}
- 광장　広場^{ひろば}
- 친구　友達^{ともだち}
- ~을/를 만나다　~に 会^あう

7　오늘은 몇 시에 일어났습니까?

_____

8　7시 30분에 일어났습니다.

_____

9　어제는 11시에 잤습니다.

_____

10　4시에 도서관에서 선배를 만날 생각입니다.

_____

11　버스는 10시에 출발할 예정입니다.

_____

12　도쿄역 광장에서 친구를 만날 예정입니다.

_____

정답　본책 권말 부록 198쪽

02 週末^{しゅうまつ}は 何^{なに}を しましたか。| 7

맛있는 문장 연습 ①

50쪽
TRACK 02

★ 다음 일본어 문장을 듣고 따라 읽어 보세요.

---

1 🎤 ▢▢▢

---

a 映画は どうでしたか。
えいが

　　→ とても おもしろかったです。

---

2 🎤 ▢▢▢

---

a 交通は 便利でしたか。
こうつう　べんり

　　→ いいえ、便利じゃ ありませんでした。
べんり

---

3 🎤 ▢▢▢

---

a 料金は とても 高かったです。
りょうきん　　　たか

b 天気は あまり よく ありませんでした。
てんき

---

4 🎤 ▢▢▢

---

a 電車で 行きましたが、早く 着きました。
でんしゃ　い　　　　はや　つ

b 机の 上を きれいに しました。
つくえ　うえ

맛있는 문장 연습 ②

50쪽
TRACK 02

★ 다음 한국어 문장을 일본어로 말해 보세요.

---

1 🎤 ☐☐☐
_____

   a 영화는 어땠습니까?

     → 아주 재미있었습니다.

---

2 🎤 ☐☐☐
_____

   a 교통은 편리했습니까?

     → 아니요, 편리하지 않았습니다.

---

3 🎤 ☐☐☐
_____

   a 요금은 아주 비쌌습니다.

   b 날씨는 별로 좋지 않았습니다.

---

4 🎤 ☐☐☐
_____

   a 전철로 갔는데 일찍 도착했습니다.

   b 책상 위를 깨끗이 했습니다.

★ 다음 한국어 문장을 일본어로 써 보세요.

|Hint|

- 여행 旅行(りょこう)
- 어땠습니까?
  どうでしたか
- 매우, 아주 とても
- 즐겁다 楽(たの)しい
- ~ㅆ습니다(い형용사)
  ~かったです

- 날씨 天気(てんき)
- 좋다 いい
- 영화 映画(えいが)
- 별로, 그다지 あまり
- 재미있다 おもしろい
- ~지 않았습니다(い형용사)
  ~く ありませんでした

- 서비스 サービス
- 호텔 ホテル
- 주변 周(まわ)り
- 조용하다 静(しず)かだ
- ~ㅆ습니다(な형용사)
  ~でした

1   여행은 어땠습니까?

_____

2   매우 즐거웠습니다.

_____

3   날씨는 매우 좋았습니다.

_____

4   영화는 별로 재미있지 않았습니다.

_____

5   서비스는 별로 좋지 않았습니다.

_____

6   호텔 주변은 매우 조용했습니다.

_____

|Hint|

- 생선 魚
- 신선하다 新鮮だ
- ~지 않았습니다(な형용사)
  ~じゃ ありませんでした
- 방 部屋
- 안 中
- 깨끗하다 きれいだ

- ~하게 ~に
- 경치 景色
- 야경 夜景
- 예쁘다 きれいだ
- 분위기 雰囲気
- 버스 バス
- ~(으)로 ~で

- 가다 行く
- ~입니다만, ~인데 ~が
- 일찍, 빨리 早く
- 도착하다 着く
- 일식 和食
- 먹다 食べる
- 맛있다 おいしい

7 생선은 별로 신선하지 않았습니다.

_____

8 방 안을 깨끗이 했습니다.

_____

9 경치가 좋고 방도 깨끗했습니다.

_____

10 야경도 예쁘고 분위기도 좋았습니다.

_____

11 버스로 갔는데 일찍 도착했습니다.

_____

12 일식을 먹었는데 매우 맛있었습니다.

_____

맛있는 문장 연습 ①

날짜: /

64쪽
TRACK 03

* 다음 일본어 문장을 듣고 따라 읽어 보세요.

---

1 🎙 ⬜⬜⬜

a 今日は どこへ 行きましょうか。

→ 展望台へ 行きましょう。

---

2 🎙 ⬜⬜⬜

a 日本語で 話しましょう。

b 10時出発だから 早く 行きましょう。

c モバイルで 予約を しましょう。

---

3 🎙 ⬜⬜⬜

a 一緒に 紅茶を 飲みませんか。

b 日本の 文化を 体験しませんか。

---

4 🎙 ⬜⬜⬜

a プレゼントは 何に しましょうか。

→ 写真が 好きだから カメラに しましょう。

맛있는 문장 연습 ②

날짜: /

64쪽
TRACK
03

★ 다음 한국어 문장을 일본어로 말해 보세요.

---

1 🎤 ▢ ▢ ▢

   a 오늘은 어디에 갈까요?

      → 전망대에 갑시다.

---

2 🎤 ▢ ▢ ▢

   a 일본어로 이야기합시다.

   b 10시 출발이니까 빨리 갑시다.

   c 모바일로 예약을 합시다.

---

3 🎤 ▢ ▢ ▢

   a 같이 홍차를 마시지 않겠습니까?

   b 일본 문화를 체험하지 않겠습니까?

---

4 🎤 ▢ ▢ ▢

   a 선물은 무엇으로 할까요?

      → 사진을 좋아하니까 카메라로 합시다.

✦ 다음 한국어 문장을 일본어로 써 보세요.

|Hint|

- 내일 明日^{あした}
- 어디 どこ
- ~에 ~へ
- 가다 行^いく
- ~할까요? ~ましょうか
- 미술관 美術館^{びじゅつかん}

- ~합시다 ~ましょう
- 몇 시 何時^{なんじ}
- 만나다 会^あう
- 역 駅^{えき}
- ~까지 ~まで
- 자전거 自転車^{じてんしゃ}

- ~(으)로 ~で
- ~하지 않겠습니까?
  ~ませんか
- ~의 ~の
- 졸업식 卒業式^{そつぎょうしき}
- 같이 一緒^{いっしょ}に

1 내일은 어디에 갈까요?

_____

2 미술관에 갑시다.

_____

3 몇 시에 만날까요?

_____

4 4시에 만납시다.

_____

5 역까지 자전거로 가지 않겠습니까?

_____

6 야마다(山田^{やまだ}) 씨의 졸업식에 같이 가지 않겠습니까?

_____

|Hint|

- ~시 ~時
- 출발 出発
- ~(이)니까 ~(だ)から
- 빨리 早く
- 표, 티켓 切符
- 사다 買う
- 여기 ここ
- 일식 和食

- 유명하다 有名だ
- 초밥 寿司
- 먹다 食べる
- 신칸센 新幹線
- ~에서 ~で
- 에키벤 駅弁
- 전철 電車
- 빠르다 早い

- ~을/를 타다 ~に乗る
- 쇼핑 買い物
- 좋아하다 好きだ
- 상품권 商品券
- 사진 写真
- 카메라 カメラ
- ~(으)로 하다
  ~にする

7 2시 출발이니까 빨리 표를 삽시다.

_____

8 여기는 일식이 유명하니까 초밥을 먹지 않겠습니까?

_____

9 신칸센에서 에키벤을 먹지 않겠습니까?

_____

10 전철이 빠르니까 전철을 탑시다.

_____

11 쇼핑을 좋아하니까 상품권을 삽시다.

_____

12 사진을 좋아하니까 카메라로 합시다.

_____

정답 본책 권말 부록 199쪽

軽井沢へ 遊びに 行きたいです。
가루이자와에 놀러 가고 싶습니다.

맛있는 문장 연습 ①

★ 다음 일본어 문장을 듣고 따라 읽어 보세요.

---

1 🎤 ▢▢▢

a 私は 公園へ 散歩に 行きます。

b 日本へ 遊びに 行きたいです。

---

2 🎤 ▢▢▢

a 私は お茶が 飲みたいです。

b 休みだから、私は 映画が 見たいです。

---

3 🎤 ▢▢▢

a イさんは どこへ 行きたいですか。

→ 私は 海へ 行きたいです。

→ 私は どこへも 行きたく ありません。

---

4 🎤 ▢▢▢

a 趣味は 何ですか。

→ 音楽を 聞く ことです。

맛있는 문장 연습 ②

78쪽
TRACK 04

★ 다음 한국어 문장을 일본어로 말해 보세요.

---

1 🎤 ☐ ☐ ☐

   a 저는 공원에 산책(하러) 갑니다.

   b 일본에 놀러 가고 싶습니다.

---

2 🎤 ☐ ☐ ☐

   a 저는 차를 마시고 싶습니다.

   b 휴일이니까, 저는 영화를 보고 싶습니다.

---

3 🎤 ☐ ☐ ☐

   a 이 씨는 어디에 가고 싶습니까?

      → 저는 바다에 가고 싶습니다.

      → 저는 아무데도 가고 싶지 않습니다.

---

4 🎤 ☐ ☐ ☐

   a 취미는 무엇입니까?

      → 음악을 듣는 것입니다.

✱ 다음 한국어 문장을 일본어로 써 보세요.

|Hint|

- 이번 今度
- 여름휴가 夏休み
- 어디 どこ
- ~에 ~へ
- 가다 行く
- 가루이자와 軽井沢
- 놀다 遊ぶ

- ~하러 가다
  ~に 行く
- 오사카 大阪
- 출장 出張
- 우에노 공원 上野公園
- 꽃구경 花見
- 도서관 図書館

- 책 本
- 빌리다 借りる
- 내일 明日
- 영화 映画
- 보다 見る
- ~하고 싶습니다
  ~たいです

1 이번 여름휴가에 어디에 갑니까?

_____

2 가루이자와에 놀러 갑니다.

_____

3 오사카에 출장 갑니다.

_____

4 우에노 공원에 꽃구경하러 갑시다.

_____

5 도서관에 책을 빌리러 갔습니다.

_____

6 내일은 영화를 보러 가고 싶습니다.

_____

|Hint|

- 스키장　スキー場
- 아르바이트하다
　アルバイトする
- 무엇　何
- 먹다　食べる
- 야키니쿠　焼肉

- 아무데도　どこへも
- 가다　行く
- ~하고 싶지 않습니다
　~たく ありません
- 취미　趣味

- ~입니까?
　~ですか
- 영화　映画
- 보다　見る
- 것　こと

7　저는 스키장에서 아르바이트하고 싶습니다.

_____

8　무엇을 먹고 싶습니까?

_____

9　야키니쿠를 먹고 싶습니다.

_____

10　저는 아무데도 가고 싶지 않습니다.

_____

11　취미는 무엇입니까?

_____

12　제 취미는 영화를 보는 것입니다.

_____

정답　본책 권말 부록 199~200쪽

06 コーヒーを 飲みながら 休みましょうか。

커피를 마시면서 쉴까요?

날짜: /

92쪽
TRACK 05

★ 다음 일본어 문장을 듣고 따라 읽어 보세요.

---

1 🎤 ▢▢▢

a 最近 だいぶ 寒く なりましたね。

b 交通が 便利に なりました。

---

2 🎤 ▢▢▢

a コーヒーを 飲みながら 休みましょうか。

b 音楽を 聞きながら 本を 読みます。

---

3 🎤 ▢▢▢

a 先生の 説明は わかりやすいです。

b この 漢字は 読み方が 難しいですね。

---

4 🎤 ▢▢▢

a 今日は 休みなので、学校へ 行きません。

b ここは パンが おいしいので、おすすめです。

맛있는 문장 연습 ②

날짜: /

92쪽
TRACK
05

★ 다음 한국어 문장을 일본어로 말해 보세요.

---

1 🎤 ☐☐☐

   a 요즘 꽤 추워졌네요.

   b 교통이 편리해졌습니다.

---

2 🎤 ☐☐☐

   a 커피를 마시면서 쉴까요?

   b 음악을 들으면서 책을 읽습니다.

---

3 🎤 ☐☐☐

   a 선생님의 설명은 이해하기 쉽습니다.

   b 이 한자는 읽는 법이 어렵네요.

---

4 🎤 ☐☐☐

   a 오늘은 휴일이어서, 학교에 가지 않습니다.

   b 여기는 빵이 맛있어서 추천합니다.

★ 다음 한국어 문장을 일본어로 써 보세요.

|Hint|

- 커피 コーヒー
- 마시다 飲む
- ~하면서 ~ながら
- 이야기하다 話す
- ~할까요? ~ましょうか
- 음악 音楽
- 듣다 聞く

- 공부 勉強
- 선배 先輩
- 설명 説明
- 알다, 이해하다 わかる
- ~하기 쉽다 ~やすい
- 펜 ペン
- 쓰다 書く
- ~하기 어렵다 ~にくい

- 한자 漢字
- 읽다 読む
- ~하는 법 ~方
- 어렵다 難しい
- 요리 料理
- 만들다 作る
- 매우, 아주 とても
- 간단하다 簡単だ

1　커피를 마시면서 이야기할까요?

_____

2　음악을 들으면서 공부를 합니다.

_____

3　사토(佐藤) 선배의 설명은 이해하기 쉽습니다.

_____

4　이 펜은 쓰기 어렵습니다.

_____

5　이 한자는 읽는 법이 어렵네요.

_____

6　이 요리는 만드는 법이 매우 간단합니다.

_____

|Hint|

- 가게 店_{みせ}
- 우동 うどん
- 맛있다 おいしい
- ~(이)라서 ~(な)ので
- 사람 人_{ひと}
- 많다 多い_{おお}
- 내일 明日_{あした}
- 휴일 休み_{やす}

- 친구 友達_{ともだち}
- 여행 旅行_{りょこう}
- ~하러 가다 ~に 行く_い
- 회화 会話_{かいわ}
- 시험 テスト_{てすと}
- 서늘하다 涼しい_{すず}
- 가을 秋_{あき}
- ~이/가 되다 ~に なる

- 서비스 サービス_{さびす}
- 좋다 いい
- ~(하)게 되다
~く なる
- 저 あの
- 가수 歌手_{かしゅ}
- 전보다 前より_{まえ}
- 유명하다 有名だ_{ゆうめい}

7　이 가게는 우동이 맛있어서 사람이 많습니다.

_____

8　내일은 휴일이어서 친구와 여행(하러) 갑니다.

_____

9　내일은 회화 시험이 있어서 공부를 합니다.

_____

10　서늘한 가을이 되었습니다.

_____

11　서비스가 좋아졌습니다.

_____

12　저 가수는 전보다 유명해졌습니다.

_____

정답 본책 권말 부록 200쪽

07 富士山の 写真を 撮って います。

후지산 사진을 찍고 있습니다.

맛있는 문장 연습 ①

날짜: /

106쪽
TRACK
06

★ 다음 일본어 문장을 듣고 따라 읽어 보세요.

---

1 🎙 ▢▢▢

a 左に 曲がって ください。

b 日本語で 話して ください。

---

2 🎙 ▢▢▢

a 写真を 撮って います。

b 音楽を 聞いて います。

c ビジネス会話を 勉強して います。

---

3 🎙 ▢▢▢

a 友達に 会って お茶を 飲んで います。

b 家へ 帰って 寝て います。

---

4 🎙 ▢▢▢

a あそこに コンビニが 見えます。

b きれいな 庭が 見えます。

맛있는 문장 연습 ②

106쪽
TRACK
06

★ 다음 한국어 문장을 일본어로 말해 보세요.

1 🎤 ☐☐☐

    a 왼쪽으로 돌아 주세요.

    b 일본어로 이야기해 주세요.

2 🎤 ☐☐☐

    a 사진을 찍고 있습니다.

    b 음악을 듣고 있습니다.

    c 비즈니스 회화를 공부하고 있습니다.

3 🎤 ☐☐☐

    a 친구를 만나서 차를 마시고 있습니다.

    b 집에 돌아와서 자고 있습니다.

4 🎤 ☐☐☐

    a 저기에 편의점이 보입니다.

    b 예쁜 정원이 보입니다.

★ 다음 한국어 문장을 일본어로 써 보세요.

|Hint|

- 무엇 何^{なに}
- ~하고 있습니다
  ~て います
- 책 本^{ほん}
- 읽다 読^よむ
- 친구 友達^{ともだち}
- ~을/를 만나다 ~に 会^あう
- 커피 コーヒー

- 마시다 飲^のむ
- 축구 サッカー
- 시합 試合^{しあい}
- 있다 ある
- ~(이)라서
  ~ので
- 연습 練習^{れんしゅう}
- 길 道^{みち}

- 찾다 探^{さが}す
- ~하고 있는데요
  ~て いるんですが
- 편의점 コンビニ^{こんびに}
- 어디 どこ
- 회사 会社^{かいしゃ}
- ~에서 ~で
- 일 仕事^{しごと}

1 무엇을 하고 있습니까?

_____

2 책을 읽고 있습니다.

_____

3 친구를 만나서 커피를 마시고 있습니다.

_____

4 축구 시합이 있어서 연습을 하고 있습니다.

_____

5 길을 찾고 있는데요, 편의점은 어디입니까?

_____

6 회사에서 일을 하고 있습니다.

_____

|Hint|

- 사진 写真^{しゃしん}
- 찍다 撮^とる
- ~해 주세요
  ~て ください
- 푹 ゆっくり
- 쉬다 休^{やす}む
- 길 道^{みち}

- 곧장, 쭉 まっすぐ
- 가다 行^いく
- 오른쪽 右^{みぎ}
- ~(으)로 ~に
- 돌다 曲^まがる
- 저기 あそこ
- 구두 靴^{くつ}

- 매장 売^うり場^ば
- 보이다 見^みえる
- 후지산 富士山^{ふ じ さん}
- 잘 よく
- ~네요 ~ね

7 사진을 찍어 주세요.

_____

8 푹 쉬세요.

_____

9 이 길을 쭉(곧장) 가세요.

_____

10 이 길을 쭉 가서 오른쪽으로 도세요.

_____

11 저기에 구두 매장이 보입니다.

_____

12 후지산이 잘 보이네요.

_____

정답 본책 권말 부록 200~201쪽

07 富士山^{ふ じ さん}の 写真^{しゃしん}を 撮^とって います。 | 27

08 雪が たくさん 降って いますね。

눈이 많이 내리고 있네요.

맛있는 문장 연습 ①

날짜: /

120쪽
TRACK
07

★ 다음 일본어 문장을 듣고 따라 읽어 보세요.

---

1 🎤 ☐ ☐ ☐

a 雨が たくさん 降って いますね。

b 学生カードを 持って いますか。

---

2 🎤 ☐ ☐ ☐

a どこに 住んで いますか。

→ 北海道に 住んで います。

---

3 🎤 ☐ ☐ ☐

a 帽子を かぶって いる 人は 誰ですか。

b Tシャツを 着て スカートを はいて います。

---

4 🎤 ☐ ☐ ☐

a 何人家族ですか。

→ 父と 母と 私の 3人家族です。

28

맛있는 문장 연습 ②

120쪽
TRACK
07

* **다음 한국어 문장을 일본어로 말해 보세요.**

1 🎤 ☐☐☐

    a 비가 많이 내리고 있네요.

    b 학생 카드를 갖고 있습니까?

2 🎤 ☐☐☐

    a 어디에 살고 있습니까?

        → 홋카이도에 살고 있습니다.

3 🎤 ☐☐☐

    a 모자를 쓰고 있는 사람은 누구입니까?

    b 티셔츠를 입고 치마를 입고 있습니다.

4 🎤 ☐☐☐

    a 가족이 몇 명입니까?

        → 아빠와 엄마와 저, 세 가족입니다.

★ **다음 한국어 문장을 일본어로 써 보세요.**

|Hint|

• 지금 今(いま)	• ~하지 않았습니다 ~て いません	• 도쿄 東京(とうきょう)
• 눈 雪(ゆき)		• ~에 살다 ~に 住(す)む
• 많이 たくさん	• 국제 운전면허증 国際運転免許証(こくさいうんてんめんきょしょう)	• 모자 帽子(ぼうし)
• 내리다 降(ふ)る		• 쓰다 かぶる
• ~고 있다 ~て いる	• 가지다 持(も)つ	• 티셔츠 T シャツ(しゃつ)
• 오빠 兄(あに)	• 여행 사이트 旅行(りょこう)サイト(さいと)	• (상의) 입다 着(き)る
• 아직 まだ	• 알다 知(し)る	• 바지 ズボン(ずぼん)
• 결혼 結婚(けっこん)	• 언니 姉(あね)	• (하의) 입다 はく

1 지금 눈이 많이 내리고 있네요.

_____

2 오빠는 아직 결혼하지 않았습니다.

_____

3 저는 국제 운전면허증을 갖고 있습니다.

_____

4 좋은 여행 사이트를 알고 있습니까?

_____

5 언니는 결혼해서 도쿄에 살고 있습니다.

_____

6 이(イ) 씨는 모자를 쓰고 티셔츠를 입고 바지를 입고 있습니다.

_____

|Hint|

- 원피스 ワンピース
- 구두 靴
- 신다 はく
- 집 家
- ~에서 ~까지
   ~から ~まで

- 공원 公園
- 얼마나 どのぐらい
- 걸리다 かかる
- 걸어서 歩いて
- ~정도 ~ぐらい
- 몇 명 何人

- 가족 家族
- ~명 ~人
- 아빠 父
- 엄마 母
- 여동생 妹

7 기무라(木村) 씨는 원피스를 입고 구두를 신고 있습니다.

_____

8 집에서 공원까지 얼마나 걸립니까?

_____

9 걸어서 10분 정도 걸립니다.

_____

10 몇 가족입니까?

_____

11 다섯 가족입니다.

_____

12 아빠와 엄마와 여동생과 저, 네 가족입니다.

_____

09 触ってみてもいいですか。
さわ

만져 봐도 됩니까?

맛있는 문장 연습 ①

날짜:　　/

134쪽

TRACK
08

★ 다음 일본어 문장을 듣고 따라 읽어 보세요.

---

1 🎤 ▢▢▢

　a 漢字で 書いても いいですか。
　　かんじ　　か

　b 車を 止めても いいですか。
　　くるま　と

---

2 🎤 ▢▢▢

　a ここで 写真を 撮っては いけません。
　　　　しゃしん　と

　b ここで たばこを 吸っては いけません。
　　　　　　　　す

---

3 🎤 ▢▢▢

　a 試着して みても いいですか。
　　しちゃく

　b この 本を 読んで みて ください。
　　　ほん　よ

---

4 🎤 ▢▢▢

　a あそこに「禁煙」と 書いて あります。
　　　　　きんえん　　か

　b 週に 一回 生花を 習って います。
　　しゅう　いっかい　いけばな　なら

32

맛있는 문장 연습 ②

134쪽
TRACK 08

★ 다음 한국어 문장을 일본어로 말해 보세요.

---

1 🎙️ ☐☐☐

   a 한자로 써도 됩니까?

   b 차를 세워도 됩니까?

---

2 🎙️ ☐☐☐

   a 여기에서 사진을 찍으면 안 됩니다.

   b 여기에서 담배를 피우면 안 됩니다.

---

3 🎙️ ☐☐☐

   a 입어 봐도 됩니까?

   b 이 책을 읽어 보세요.

---

4 🎙️ ☐☐☐

   a 저기에 '금연'이라고 쓰여 있습니다.

   b 일주일에 한 번 꽃꽂이를 배우고 있습니다.

★ 다음 한국어 문장을 일본어로 써 보세요.

|Hint|

- 한자 漢字
- 쓰다 書く
- ~해도 됩니다
  ~ても いいです
- 일본어 日本語
- ~(으)로 ~で

- 이야기하다 話す
- 회의실 会議室
- ~에 들어가다
  ~に 入る
- 여기 ここ
- ~에서 ~で

- 사진 写真
- 찍다 撮る
- ~해서는 안 됩니다
  ~ては いけません
- 차 車
- 세우다 止める

1 한자로 써도 됩니까?

_____

2 일본어로 이야기해도 됩니까?

_____

3 네, 일본어로 이야기해도 됩니다.

_____

4 회의실에 들어가도 됩니까?

_____

5 여기에서 사진을 찍으면 안 됩니다.

_____

6 여기에 차를 세우면 안 됩니다.

_____

|Hint|

- 여동생 妹(いもうと)
- 대학 大学(だいがく)
- ~에 다니다
  ~に 通(かよ)う
- ~하고 있다
  ~て いる
- 이거 これ
- 먹다 食(た)べる

- ~해 보다
  ~て みる
- 만지다 触(さわ)る
- 주차금지 駐車禁止(ちゅうしゃきんし)
- ~(이)라고 ~と
- 쓰여 있다
  書(か)いて ある

- 저기 あそこ
- 오도리 공원 大通公園(おおどおりこうえん)
- 주 週(しゅう)
- ~에 ~회(번)
  ~に ~回(かい)
- 전통 요리 伝統料理(でんとうりょうり)
- 배우다 習(なら)う

7 기무라(木村(きむら)) 씨의 여동생은 K대학에 다니고 있습니다.

_____

8 이거 먹어 봐도 됩니까?

_____

9 이거 만져 봐도 됩니까?

_____

10 여기에 '주차금지'라고 쓰여 있습니다.

_____

11 저기에 '오도리 공원'이라고 쓰여 있습니다.

_____

12 저는 일주일에 두 번 전통 요리를 배우고 있습니다.

_____

정답 본책 권말 부록 201~202쪽

⑩ 沖縄へ 行った ことが ありますよ。

おきなわ　い

오키나와에 간 적이 있어요.

맛있는 문장 연습 ①

날짜: 　/

148쪽
TRACK
09

★ 다음 일본어 문장을 듣고 따라 읽어 보세요.

---

1 🎤 ☐☐☐

a 日本へ 行った ことが ありますか。
　にほん　い

b この ドラマを 見た ことが あります。
　　　どらま　み

c 日本語で 案内した ことが ありません。
　にほんご　あんない

---

2 🎤 ☐☐☐

a レンタカーを 予約した 方が いいです。
　れんたか　よやく　ほう

b 外国語を 習った 方が いいです。
　がいこくご　なら　ほう

c 空港に 駐車した 方が いいです。
　くうこう　ちゅうしゃ　ほう

---

3 🎤 ☐☐☐

a 日本へ 行った 時、撮った 写真です。
　にほん　い　とき　と　しゃしん

b 沖縄へ 行った 時、買った かばんです。
　おきなわ　い　とき　か

36

맛있는 문장 연습 ②

날짜: /

* 다음 한국어 문장을 일본어로 말해 보세요.

---

1 🎤 ☐☐☐

---

a 일본에 간 적이 있습니까?

b 이 드라마를 본 적이 있습니다.

c 일본어로 안내한 적이 없습니다.

---

2 🎤 ☐☐☐

---

a 렌터카를 예약하는 편이 좋습니다.

b 외국어를 배우는 편이 좋습니다.

c 공항에 주차하는 편이 좋습니다.

---

3 🎤 ☐☐☐

---

a 일본에 갔을 때 찍은 사진입니다.

b 오키나와에 갔을 때 산 가방입니다.

★ 다음 한국어 문장을 일본어로 써 보세요.

|Hint|

- 일본어　日本語
- 공부하다　勉強する
- ~한 적이 있습니다
  　~た ことが あります
- 1년 전　１年前
- 중국　中国
- 가다　行く

- 영화　映画
- 보다　見る
- ~한 적이 없습니다
  　~た ことが ありません
- 안내하다　案内する
- ~하는 편이 좋습니다
  　~た 方が いいです

- 오늘　今日
- 푹　ゆっくり
- 쉬다　休む
- 그렇다면　それなら
- 렌터카　レンタカー
- 빌리다　借りる

1　일본어를 공부한 적이 있습니까?

_____

2　1년 전에 중국에 간 적이 있습니다.

_____

3　이 영화는 본 적이 없습니다.

_____

4　일본어로 안내하는 편이 좋습니다.

_____

5　오늘은 푹 쉬는 편이 좋습니다.

_____

6　그렇다면 렌터카를 빌리는 편이 좋습니다.

_____

|Hint|

- 이것 これ
- 일본 日本
- ~했을 때 ~た 時
- 찍다 撮る
- 사진 写真
- 오키나와 沖縄
- 만나다 会う

- 사람 人
- 옷 服
- 하코네 온천 箱根温泉
- 사다 買う
- 아침 朝
- 일찍 早く
- 출발하다 出発する

- 여행 旅行
- ~에 대해서 ~について
- 조사하다 調べる
- ~해 보다 ~て みる
- 꿈 夢
- 발표하다 発表する
- ~해 주세요 ~て ください

7 이것은 일본에 갔을 때 찍은 사진입니다.

_____

8 다나카(田中) 씨는 내가 오키나와에 갔을 때 만난 사람입니다.

_____

9 이 옷은 하코네 온천에 갔을 때 샀습니다.

_____

10 아침 일찍 출발하는 편이 좋습니다.

_____

11 오키나와 여행에 대해서 조사해 봤습니다.

_____

12 꿈에 대해서 일본어로 발표해 주세요.

_____

정답 본책 권말 부록 202쪽

11 海で スノーケリングを したり しました。
바다에서 스노클링을 하기도 했습니다.

162쪽
TRACK 10

★ 다음 일본어 문장을 듣고 따라 읽어 보세요.

---

1 🎤 ▯▯▯

a 暇な 時は 何を しますか。
   → 音楽を 聞いたり 映画を 見たり します。

---

2 🎤 ▯▯▯

a 休日は 何を しますか。
   → 遊園地に 行ったり 旅行したり します。

---

3 🎤 ▯▯▯

a 会社が 終わってから 何を しますか。
   → 友達に 会ったり 運動を したり します。

---

4 🎤 ▯▯▯

a この 車は デザインも いいし、値段も 安いです。

b キムさんは 性格も いいし、かわいいですね。

맛있는 문장 연습 ②

162쪽
TRACK 10

✱ 다음 한국어 문장을 일본어로 말해 보세요.

---

1 🎤 ☐☐☐

a 한가할 때는 무엇을 합니까?

→ 음악을 듣거나 영화를 보거나 합니다.

---

2 🎤 ☐☐☐

a 휴일에는 무엇을 합니까?

→ 유원지에 가거나 여행하거나 합니다.

---

3 🎤 ☐☐☐

a 회사가 끝나고 나서 무엇을 합니까?

→ 친구를 만나거나 운동을 하거나 합니다.

---

4 🎤 ☐☐☐

a 이 차는 디자인도 좋고 가격도 쌉니다.

b 김 씨는 성격도 좋고 귀엽네요.

★ **다음 한국어 문장을 일본어로 써 보세요.**

|Hint|

- 한가하다 暇[ひま]だ
- 때 時[とき]
- 친구 友達[ともだち]
- ~을/를 만나다 ~に 会[あ]う
- 영화 映画[えいが]
- 보다 見[み]る
- 차 お茶[ちゃ]
- 마시다 飲[の]む

- ~하기도 하고 ~하기도 하다
  ~たり ~たり する
- 바다 海[うみ]
- 수영하다 泳[およ]ぐ
- 사진 写真[しゃしん]
- 찍다 撮[と]る
- 가족 家族[かぞく]
- 식사 食事[しょくじ]

- 산책 散歩[さんぽ]
- 일 仕事[しごと]
- 끝나다 終[お]わる
- ~하고 나서 ~て から
- 운동 運動[うんどう]
- 집 家[いえ]
- 텔레비전 テレビ

1 한가할 때는 무엇을 합니까?

_____

2 친구를 만나서 영화를 보기도 하고 차를 마시기도 합니다.

_____

3 바다에서 수영하기도 하고 사진을 찍기도 합니다.

_____

4 가족과 식사를 하기도 하고 산책을 하기도 합니다.

_____

5 일이 끝나고 나서 무엇을 합니까?

_____

6 운동을 하기도 하고 집에서 텔레비전을 보기도 합니다.

_____

|Hint|

- 아르바이트 バイト
- 돌아오다 帰る
- 조식 朝食
- 먹다 食べる
- 국제거리 国際通り
- 여행 선물 おみやげ
- 사다 買う
- 생각 つもり

- 언제 いつ
- 3박 4일 3泊4日
- 수요일 水曜日
- 방 部屋
- 넓다 広い
- ~도 ~하고 ~も ~し
- 근처 近く

- 비치, 해변 ビーチ
- 있다 ある
- ~(이)라서 ~ので
- 가게 店
- 가격 値段
- 싸다 安い
- 맛있다 おいしい
- 유명하다 有名だ

7 아르바이트가 끝나고 나서 11시에 집에 돌아왔습니다.

_____

8 조식을 먹고 나서 국제거리에서 여행 선물을 살 생각입니다.

_____

9 언제 돌아옵니까?

_____

10 3박 4일이라서 수요일에 돌아갑니다.

_____

11 방도 넓고 근처에 비치도 있어서 좋네요.

_____

12 이 가게는 가격도 싸고 맛있어서 유명합니다.

_____

いちまい ご かいぶん つか
一枚で 5回分 使えますよ。

한 장으로 5회분 사용할 수 있어요.

맛있는 문장 연습 ①

날짜: /

176쪽

TRACK
11

★ 다음 일본어 문장을 듣고 따라 읽어 보세요.

---

1 🎤 ▢▢▢

えい ご
a 英語が できますか。

→ はい、すこし できます。

→ いいえ、ぜんぜん できません。

---

2 🎤 ▢▢▢

ぎ た ひ
a ギターが 弾けますか。

こうかん
b 交換できますか。

あした じゅぎょう こ
c 明日は 授業に 来られません。

---

3 🎤 ▢▢▢

よ
a ひらがなを 読む ことが できますか。

わたし うんてん
b 私は 運転する ことが できます。

---

4 🎤 ▢▢▢

なら ほう おも
a 並んだ 方が いいと 思います。

に ほん こうつう べん り おも
b 日本の 交通は 便利だと 思います。

맛있는 문장 연습 ②

날짜: /

176쪽
TRACK
11

★ 다음 한국어 문장을 일본어로 말해 보세요.

1 🎤 ▢▢▢

a 영어를 할 수 있습니까?

→ 네, 조금 할 수 있습니다.

→ 아니요, 전혀 못합니다.

2 🎤 ▢▢▢

a 기타를 칠 수 있습니까?

b 교환할 수 있습니까?

c 내일은 수업에 못 옵니다.

3 🎤 ▢▢▢

a 히라가나를 읽을 수 있습니까?

b 저는 운전할 수 있습니다.

4 🎤 ▢▢▢

a 줄을 서는 편이 좋다고 생각합니다.

b 일본의 교통은 편리하다고 생각합니다.

맛있는 작문 연습

★ **다음 한국어 문장을 일본어로 써 보세요.**

|Hint|

- 일본어　日本語
- 할 수 있다　できる
- 조금　すこし
- 영어　英語
- 전혀　ぜんぜん
- 못합니다　できません

- 맵다　辛い
- 음식　食べ物
- 먹을 수 있다　食べられる
- 운전　運転
- 기타　ギター
- (악기를) 치다　弾く

- 이것　これ
- 얼룩　しみ
- 있다　ある
- ~인데요, ~입니다만
　　~んですが
- 교환　交換

1　일본어를 할 수 있습니까?

_____

2　일본어는 조금 할 수 있지만, 영어는 전혀 못합니다.

_____

3　매운 음식을 먹을 수 있습니까?

_____

4　운전을 할 수 있습니까?

_____

5　저는 기타를 전혀 못 칩니다.

_____

6　이거 얼룩이 있는데 교환할 수 있습니까?

_____

|Hint|

- 반품　返品　へんぴん
- 할인　割引　わりびき
- 표　切符　きっぷ
- 봄　春　はる
- 여름　夏　なつ
- 겨울　冬　ふゆ
- 사다　買う　か

- ~할 수 있다
  ~ことが できる
- 매우, 아주　とても
- 성실하다　まじめだ
- ~라고 생각합니다
  ~と 思います　おも
- 내일　明日　あした
- 비　雨　あめ

- 내리다　降る　ふ
- 버스　バス　ばす
- ~보다　~より
- 차　車　くるま
- ~을/를 타다
  ~に 乗る　の
- ~하는 편이 좋다
  ~た 方が いい　ほう

7　이거 반품이 가능합니까?

___

8　이거 할인이 가능합니까?

___

9　이 표는 봄, 여름, 겨울에는 살 수 있습니다.

___

10　요시다(吉田) 씨는 매우 성실하다고 생각합니다. よし だ

___

11　내일도 비가 내릴 거라고 생각합니다.

___

12　버스보다 차를 타는 편이 좋다고 생각합니다.

___

정답　본책 권말 부록 203쪽

맛있는 books